Hans C. Moolenburgh
Warum es keinen Zufall gibt

Hans C. Moolenburgh

Warum es keinen Zufall gibt

Aquamarin Verlag

Mein herzlicher Dank gilt Lonneke Starrenburg für die Korrektur und das Tippen des holländischen Manuskripts sowie für ihre wertvollen Anmerkungen.

ISBN: 978-3-89427-518-1

Deutsche Originalausgabe
1. Auflage 2010

Voglherd 1 • D-85567 Grafing
www.aquamarin-verlag.de

Übersetzung aus dem Holländischen: Andrea Fischer

Umschlaggestaltung: Annette Wagner

Druck: Bercker • Kevelaer

Inhalt

Einführung 9

1 „Was für ein Zufall, dass ich dich treffe!“ 11
2 Mir liegt etwas am Herzen 23
3 Sternschnuppen 34
4 Jetzt lassen wir die Katze aus dem Sack 46
5 Wollen wir Chinesisch essen gehen? 54
6 Bücherreigen 70
7 Lassen Sie sich nicht in die Karten schauen! 85
8 Der Mensch – ein Spieler 100
9 Eine chaotische Geschichte 114
10 Ein bunter Strauß von Zufällen 134
11 Akzeptiert die Bibel den Zufall? 152
12 Mit einem lachenden und einem weinenden Auge 176
13 Gibt es des Rätsels Lösung? 197

Literaturverzeichnis 205
Nachweise der Abbildungen 208

Im Andenken an meine geliebte Tochter Elisabeth.
Die letzte Geschichte in diesem Buch handelt von ihr.
Sie ist so schön, dass sie den würdigen Abschluss
aller Geschichten bildet.

Pegasus

Der Zufall ist ein geflügeltes Pferd,
Das es nicht gibt, und das doch erscheint,
Wenn es sich auf das Maß dessen verkleinert,
Der noch das Kind in sich bewahrt hat.
Seine Berührung ist ganz zart,
Immer von federleichter Art,
Der Narr ist seine Lieblingskarte,
Doch will man ihn zwingen, so ist er plötzlich verschwunden.

Geboren aus dem Meeresschaum
Saust es unsichtbar mit uns mit,
Um sich ganz unvermittelt zu zeigen.
Das geflügelte Pferd kommt aus einem Land,
Weit weg von uns, von der anderen Seite.
Hoffentlich dürfen wir auch einmal dort hinauffahren.

Einführung

Was ist eigentlich Zufall? Oft sagen wir: „Was für ein Zufall!“ Dann leben wir seelenruhig weiter, als sei nichts gewesen. Doch Sprache ist etwas Sonderbares.

1960 las ich ein Büchlein von Wilhelm von Scholz „Die Rolle des Zufalls und des Schicksals in unserem Alltagsleben“. Seitdem hat mich diese Thematik nicht mehr losgelassen. An eine Geschichte aus diesem Buch erinnere ich mich noch lebhaft. Moritz von Schwind, ein Maler, malte Fresken in der Wartburg, einer berühmten deutschen Festung, die für immer mit dem Namen *Luther* verbunden ist. Luther hatte dort zehn Monate lang an seiner Bibelübersetzung gearbeitet.

Von Schwind verweilte mit seiner Frau in einem Hotel. Eines Tages machten sie eine Wanderung durch das schöne Annatal. Seine Frau sammelte einen Wiesenblumenstrauß. Plötzlich bemerkte sie, dass sie ihren Ehering verloren hatte. Sie suchten eine Zeit lang, fanden ihn jedoch nicht.

Ein Jahr später weilte das Ehepaar von Schwind erneut im Annatal. Als sie die gleiche Wanderung erneut machten, erinnerte sie ihren Mann an den verlorenen Ring. Im gleichen Augenblick sahen sie eine leuchtende Königskerze mit ihren schönen gelben Blüten, die den verschwundenen Ehering sauber aufgespießt hatte, so dass sie ihn nur abzupflücken brauchten.

Ein zusätzlicher Zufall bei all dem Zufall war, dass der Name *Schwind* von *verschwinden* kommt.

Das also ist ein *Zufall*. In allererster Linie geht es beim *Zufall* um eine Geschichte, die einen Hauch von der mysteriösen Seite des Lebens mitbringt. Wie bei Engel-Geschichten ein Bewohner von der anderen Welt um die Ecke lugt, so zeigt sich bei Zufallsgeschichten der Einfluss der anderen Welt auf die unsere. Wenn man sie nicht sofort aufschreibt, verblasst die ganze Geschichte jedoch ebenso schnell wieder wie ein Traum.

Diese Aufzeichnungen habe ich seit 1969 gemacht. Daher findet sich in diesem Buch viel autobiographisches Material. Weil ich die Geschichten meist selbst aufgeschrieben habe, sind auch sie genau so geschehen. Der Vorteil von persönlichen Erfahrungen ist der, dass Sie etwas von jemandem erzählt bekommen *wie ich und du*. Dies macht es für Sie leichter, Zufälle im eigenen Leben zu erkennen.

Unser Wort *Zufall* bedeutet, dass uns etwas *zu-fällt*. Eigentlich handelt es sich um ein Lächeln aus dem Himmel, denn ein Zufall ist alles andere als zufällig. Es steckt eine feste Struktur dahinter, die man langsam, aber sicher kostet, wie man einen guten Wein genießt.

Ich werde in diesem Buch Zufälle in verschiedene Kategorien einteilen und jedes Mal bei einem Teil verweilen, der zeigt, welche Versuche die Menschheit unternommen hat, um den Zufall für sich arbeiten zu lassen.

Ich wünsche Ihnen, dass Sie, ebenso wie ich, viele glückliche und wundersame Zufälle erleben dürfen.

1

„Was für ein Zufall, dass ich dich treffe!"

Im Zentrum von Haarlem gab es eine große Apotheke, die voll war mit modernen Zaubermitteln, ohne die der moderne Mensch nicht gut leben kann.

Fleißige, geschäftige Mädchen im weißen Blazer liefen hin und her, doch mitten in diesem Übermaß an Geschäftigkeit des 20. Jahrhunderts bewegte sich langsam ein dicker alter Mann, der leicht hinkte und wie ein altersmüder Hund, der in die Jahre gekommen ist, prustend und schnaubend von einem Kunden zum anderen lief. Es war, als wenn man vergessen hätte, inmitten von Glas, Chrom und Stahl ein altes Möbelstück wegzuräumen und bei all der Sachlichkeit übersehen hätte, dass dieser Anachronismus immer noch bestand. Wenn er in gewisser Weise auch ein Fremdkörper war, so spielte dieser Mann doch eine wichtige Rolle. Wer in seiner Jugend in einem Dorf gewohnt hat, erinnert sich vielleicht an den kleinen Dorfladen, in dem man alles kaufen konnte, wo die Menschen jedoch nicht nur hinkamen, um einzukaufen, sondern auch, um zu reden, die letzten Neuigkeiten zu hören und ein wenig gesellig beieinander zu sein. Der Mittelpunkt all dessen war meist eine freundliche Frau, die Besitzerin des Lädchens, die die vortrefflichen Eigenschaften einer Geschäftsfrau, einer Sozialarbeiterin, einer Gastgeberin und einer Trösterin in sich vereinte.

Diese Rolle wurde nun von dem dicken alten Mann in der Apotheke erfüllt. Jeder mochte ihn und – auch wenn dies vom Personal kaum erkannt wurde – er war viel mehr die Ausstrahlung der Apotheke als der Apotheker selbst, der ganz allein in einem Glashäuschen saß.

Im Leben des dicken alten Mannes gab es einen großen Verdruss – den Niedergang seiner geliebten Katholischen Kirche. Um noch etwas davon zu bewahren, kaufte er, soweit es sein Vermögen zuließ, die Inneneinrichtungen von aufgelösten katholischen Kirchen auf. Dies hatte zur Folge, dass seine bescheidene Wohnung vor Marien- und Heiligenbildern, Kreuzen, Kerzenständern, Priesterkleidung und in einem Raum sogar mit einem kompletten Altar überquoll – eine katholische Kirche, verdichtet auf das Format einer Vierzimmer-Wohnung.

Ich war sein Hausarzt. Als ich das erste Mal sein Haus betrat, vertiefte sich mein Gefühl, dass er nicht zu dieser Welt gehörte, das er mir stets vermittelte, zu einer völligen Entfremdung, während er mir stolz alle seine heiligen Gegenstände zeigte.

Diese Wohnung war übrigens ein Segen für viele, denn der alte Mann hatte im Laufe seines Lebens viele verwahrloste junge Menschen unter seine Fittiche genommen und sie in Menschen verwandelt, die ein gutes, sinnvolles Leben führten.

Der Höhepunkt des Jahres war für ihn eine Reise nach Rom während des Osterfestes. Obschon er immer schlechter gehen konnte, so weigerte er sich doch standhaft, seine verschlissenen Hüften operieren zu lassen (was zur damaligen Zeit noch als großer Eingriff betrachtet wurde), schleppte sich zum Petersplatz, um den Papst auf dem Balkon zu sehen und das „Urbi et Orbi“ zu hören.

Eines Tages war dieser geliebte alte Patient von mir wieder einmal in Rom, und mühsam schob er sich zwischen den zehntausenden von Menschen hindurch, um ein Plätzchen zu ergattern. Verschwitzt und außer Atem fand er endlich einen Fleck, von dem aus er den Papst sehen konnte. Ein Mann neben ihm warf ihm einen mitleidigen Blick zu und sagte:

„Sicherlich Niederländer, der Herr?"

„Ja", schnaufte er. Holländer stechen nun einmal so heraus.

„Warum laufen Sie so schlecht?"

„Abgenutzte Hüften. Machen mir starke Schmerzen."

„Wissen Sie", sagte der Mann vertrauensvoll, „gehen Sie zu doch einmal zu Dr. Moolenburgh in Haarlem. Der kann Ihnen vielleicht helfen."

Nun, das habe ich nicht fertiggebracht. Doch stellen Sie sich die Situation vor: Inmitten von mindestens zwanzigtausend Pilgern aller Nationalitäten wird diesem alten Mann von einem zufällig neben ihm stehenden Niederländer zu einem Besuch bei seinem eigenen Hausarzt geraten.

Da haben Sie den Zufall! Zwei oder drei scheinbar zusammenhanglose Dinge – die Reise meines Patienten und die Reise des anderen Niederländers – fallen auf eine solche Weise zusammen, dass damit ein neues, sehr verwunderliches Muster sichtbar wird. Man kann sagen: Beide waren Pilger, doch die Wahrscheinlichkeit, dass mein Patient sich zwischen diesen Zehntausenden genau dort befand, wo ein Unbekannter ihm zu seinem eigenen Hausarzt riet, muss statistisch gesehen unmöglich klein sein.

Es ist, als ob unser Leben in ein geheimnisvolles Muster eingebettet ist, das nur im richtigen Moment erwacht, um sich blitzartig zu zeigen.

Der eben beschriebene Fall ist natürlich spektakulär, doch die meisten Zufälle ereignen sich sozusagen 'zwischen Tür und Angel'. Man sagt dann: „Nun ja, solche Dinge kommen eben vor ...", und doch gehören sie zu diesem Muster.

Am 24. Februar 1993 schloss mein jüngster Sohn sein Studium als Kommunikationswissenschaftler an der Universität von Amsterdam ab. Die Feierlichkeiten sollten in einem der Gebäude der Universität stattfinden, und ich nahm mit meiner Frau den Zug nach Amsterdam, um zu vermeiden, in einen Stau zu geraten und alles zu verpassen. Wir stiegen gemeinsam mit Tausenden von Fremden, die in die Stadt gingen, am Hauptbahnhof aus. Da viele die Stadt auch verließen, befanden wir uns bald in einem Strudel von Menschen. Langsam schlurften wir zum Ausgang, als wir plötzlich einen Aufschrei hörten. Da stand unser jüngster Sohn, der uns nicht erwartet hatte, denn er holte gerade einen anderen Gast ab, und wir hatten ihn ebenso wenig erwartet. Es war wirklich ein großes Glück, dass wir ihm dort begegneten, denn seine Abschlussfeier war plötzlich in ein anderes Gebäude verlegt worden. Wir wussten das nicht, und mein Sohn war sich dessen nicht bewusst gewesen, dass wir es nicht wussten.

Die Wahrscheinlichkeit, dass wir ohne diesen glücklichen Zufall die gesamte Zeremonie verpasst hätten, war sehr groß, denn die beiden Gebäude lagen weit auseinander.

Hier sehen wir einen ganz anderen Aspekt des Zufalls: Er tut manchmal sein Bestes, um uns zu helfen, und gibt uns im richtigen Moment den richtigen Impuls. Die Verwandtschaft mit Engel-Erfahrungen, die ich in meinen vorangegangenen Büchern beschrieben habe, zeigt sich hier deutlich.

Die folgende Geschichte ist Teil eines größeren Musters. Daher müssen Sie etwas Geduld haben, bevor ich den Zufall beschreibe, der sich hierbei auftat.

Direkt nach dem Krieg wurde mein Stiefvater, L. De Blécourt, zum Generaldirektor der Reichspolizei am Standort Den Haag berufen. Gleich zu Beginn dieser Karriere traten General Eisenhower, der die alliierten Truppen angeführt hatte, sowie Feldmarschall Montgomery mit der Bitte an ihn heran, dass sie gern von ihm hören würden, falls er jemals Hinweise darauf finden sollte, dass die Schlacht um Arnheim (Codename: *Operation Market Garden*) wegen Verrats verloren worden war.

1946 empfing Vater ein Telefonat von Monsieur Boursicot, dem Generaldirektor der Reichspolizei in Frankreich. Er berichtete Vater, dass er an der Riviera einen Oberst von der, wie ich mich zu entsinnen meine, SS gefangengenommen hatte. Bei diesem hohen deutschen Offizier waren Papiere gefunden worden, aus welchen hervorging, dass ein holländischer Doppelspion bei der Schlacht um Arnheim eine Rolle gespielt hatte.

Vater bat Boursicot um die Auslieferung, doch dieser sagte: „Nein, das ist ein Kriegsverbrecher, den erschießen wir hier. Doch die Papiere, um die es geht, werde ich per Flugzeug nach Amsterdam senden."

Einige Tage später las Vater diese Papiere. Er erzählte mir, dass ein niederländischer Doppelspion – also jemand, der für beide Seiten spioniert – namens Lindemans, besser bekannt jedoch unter dem Decknamen *King Kong*, aufgrund seiner ausgezeichneten Kontakte Anfang September 1944, im Hauptquartier von Prinz Bernard von Belgien, gehört hatte, dass auf der Linie Wijk bei Duurstede – Apeldoorn große Luftangriffe bevorstanden (der Prinz hatte mit dieser Affäre nichts zu tun). King Kong eilte zum deutschen Hauptquartier in Holland (wobei er durch die Frontlinie schlüpfen musste). Dort folgerte man, dass es um die Brücke bei Amsterdam gehen musste. Wenn die große Flussbarriere von den Alliierten hätte durchbrochen werden können, wäre nämlich die nordwestliche deutsche Ebene offen gelegen, und der Krieg hätte bedeutend verkürzt werden können. Es ist bekannt, dass die Luftlande-Division beinahe auf einer deutschen Panzerdivision landete, die sich ganz dicht bei Arnheim „zufällig" eine kleine Pause gönnte.

Man verlor die Schlacht, und der Krieg dauerte viel länger, als man gehofft hatte.

Vater ging mit den Papieren schnurstracks zu seinem direkten Chef, dem Justizminister. Dieser las sie durch, erschrak sich zu Tode und sagte: „Großer Himmel. Hiermit ist der Prinz bloßgestellt!“

„Tja“, sagte Vater. „Das ist möglich. Doch ich habe Eisenhower und Montgomery geschworen, dass ich es ihnen melden werde, wenn ich etwas über Verrat bezüglich Arnheim herausfinden sollte.“

„Wo ist King Kong?“, fragte der Minister.

„Wir haben ihn hier im Gefängnis in Scheveningen. Er ist als Doppelspion entlarvt, doch dieser Teil seines Verrates ist neu.“

Christiaan Antonius Lindemans alias „King Kong"

„Was werden Sie mit ihm tun?“

„Ich werde ihn morgen persönlich verhören.“

Der Minister legte die Boursicot-Papiere in eine Schreibtischschublade. Danach wurden sie nicht mehr gesehen. Vater erhielt keine Gelegenheit, mit King Kong zu sprechen. Am nächsten Tag lag er tot in seiner Zelle. Selbstmord, sagte man.

Wenig später wurde Vaters Karriere „wegen Intrigen“ beendet. Als der Minister ihn fragte, welche Laufbahn er nun anstrebe, antwortete er: „Eine Position, in der ich niemals mehr etwas mit einem Minister oder einem Staatssekretär zu tun habe.“ Er wurde dann Richter in Amsterdam unter dem Niederländischen Löwen. 1966 starb er. Ich habe es immer bedauert, dass die „King Kong-Affäre“ mit ihm gestorben zu sein schien.

Vierzehn Jahre nach seinem Tod schrieb ich gemeinsam mit meinem Kollegen Ronhaar das Buch „Die Wissenschaft kennt keine Tränen". Er wird beschuldigt, eine Art von Krebs mit einer – oh Schande! – nicht offiziellen Methode geheilt zu haben.

In diesem Buch verwendete ich die 'King Kong-Geschichte', weil ich die Tatsache belegen wollte, dass in jedem Augenblick Entscheidungen getroffen werden, die den Verlauf der Geschichte beeinträchtigen können, auch wenn diese Entscheidungen im Augenblick selbst ziemlich unbedeutend erscheinen mögen. Ich fragte mich, was mit den möglichen Wegen wohl geschieht, die in dem Moment der Entscheidung nicht eingeschlagen werden. Verschwinden sie im Nichts oder werden sie vielleicht in einem Paralleluniversum verwirklicht?

Ich schrieb: „1946 gab es in Den Haag einen hohen Beamten, nennen wir ihn Herrn A. Eines Tages erhielt er von seinem französischen Kollegen B. einen Anruf." Sodann erzählte ich die exakten Geschehnisse, die ich soeben für Sie zusammengefasst habe, und endete mit folgenden Worten: „Einige Jahre später erschien der berühmte Film: „Eine Brücke in die Ferne". Es war eine der besten Kostproben unbewusster Geschichtsverfälschung, die ich jemals gesehen habe, und es war ein befremdlicher Gedanke, dass ich durch eine Fügung des Schicksals einer der wenigen war, der dies wusste, denn Herr A., der es mir erzählt hatte, war bereits gestorben."

1983 erhielt ich einen Telefonanruf von einem Soldaten, von einem Herrn Tiemens. Als guter Soldat steuerte er direkt auf sein Ziel zu und fragte mich: „Doktor, die Geschichte in Ihrem Buch über die Beamten A und B, ist das eine Erfindung oder ist es ein Signal?" Dies war nun genau das, worauf ich insgeheim gehofft hatte.

„Es ist ein Signal", sagte ich. Er vereinbarte sofort einen Termin und reiste zu mir. Er kam aus Arnheim.

Er schien ein besonders braver, ehrlicher Mann zu sein, der

mir erzählte, dass er schon seit Jahren an der Schlacht von Arnheim interessiert war, dass ihm jedoch noch Informationen fehlten. Als ich ihm erzählte, wer die Beamten A und B waren, nämlich de Blécourt und Boursicot, rief er aus: „Dies ist das fehlende Glied in der Kette! Nun kann ich mein Buch abschließen."

Er suchte Boursicot selbst auf, der noch lebte, jedoch Alzheimer zu haben schien, und folglich hatte er nicht viel davon.

Als Tiemens sein Buch „Facetten der Schlacht um Arnheim" fertiggestellt hatte, lud er mich zur festlichen Veröffentlichung seines Buches in Schaarsbergen ein, in einem Restaurant gegenüber von dem Bunker, in dem die Deutschen während der Schlacht um Arnheim ihre Luftangriffe koordiniert hatten. Der festliche Auftakt sollte am 25. April 1984 stattfinden.

Der Leser ist nun auf den Zufall vorbereitet, der ab diesem Moment einzugreifen begann.

In Haarlem lebte zu jener Zeit ein bekannter Hautarzt, Willem Thöne, zu dem ich regelmäßig Patienten schickte. Wir kannten einander noch aus Leiden. Obgleich ich ihn gern mochte, liefen wir uns nie über den Weg. Ich war daher umso überraschter, dass Willem am 18. April 1984, exakt eine Woche vor dem Festakt in Schaarsbergen, auf einmal bei mir hereinschneite, um ein geselliges Schwätzchen zu halten. Ich war soeben mit meiner Sprechstunde fertig. Es war sechs Uhr abends. Dreißig Jahre lang hatten wir auf fünfhundert Metern Abstand zueinander gewohnt, ohne einander jemals zu besuchen – und auf einmal stand er da.

Wenn ich zurückdenke, vermute ich, dass das Heimweh nach seiner Studentenzeit ihn überkommen hatte, da mein Bruder, der nun in Bergen op Zoom wohnte, sein bester Freund war. Vielleicht spürte er seinen eigenen Tod einige Zeit später schon kommen, und ich war eine Art Ersatz für meinen Bruder.

Wie dem auch sei – da saß er, und wir sprachen über dieses

und jenes. Nach ungefähr einer Dreiviertelstunde erzählte ich ihm die Tiemens-Geschichte und die „King Kong Story“.

„Was!“, rief er aus. „Meine Frau Belinde muss das wissen! Ihre ganze Widerstandsgruppe wurde im Krieg von King Kong verraten! Sie ist selbst um ein Haar entkommen, hat jedoch jede Menge Freunde verloren. Wäre es vielleicht möglich, dass sie nächste Woche auch nach Schaarsbergen kommt?“

Ich rief Tiemens an, der sie, brav wie er war, sofort einlud. In Begleitung unserer Ehefrauen gingen Willem und ich nach Schaarsbergen, wo wir zwei Exemplare von Tiemens Buch überreicht bekamen.

Als Frau Thöne das Buch las, wurde sie sehr aufgeregt, denn Tiemens hatte sich gefragt, ob King Kong wirklich tot war. Sie begann, alle Fäden in die Hand zu nehmen, und es lief darauf hinaus, dass King Kong ausgegraben wurde. Er war es ganz bestimmt. Die Obduktion ergab, dass viel Arsen in seinen sterblichen Überresten saß – und das sollte nicht sein. Er wurde begraben, und damit hatte es sich.

Hier sehen wir einen neuen Aspekt des Zufalls: Wenn Willem Thöne mich nicht besucht hätte (ein kleiner, scheinbar unbedeutender Vorfall), dann wäre King Kong nicht exhumiert worden (was jede Menge Aufruhr verursachte). Der Zufall löste eine ganze Kette von Ereignissen aus. Die Presse suhlte sich nur so darin.

Doch es geschah noch etwas. 1992 erschien ein Buch von Bob de Graaff mit dem Titel „Spion im Garten“ über die „Affäre King Kong“ auf dem Markt. Dort las ich zu meiner großen Freude, dass die Papiere, die Boursicot an meinen Vater geschickt hatte, wieder zum Vorschein gekommen waren. Sie wurden in einer Schreibtischschublade im Justizministerium gefunden. Sie untermauerten den Bericht meines Vaters. De Graaff kam zu der Schlussfolgerung, dass die Schlacht um Arnheim durch den Verrat King Kongs vielleicht nicht direkt beeinflusst worden war, jedoch sehr wohl die Folge der Informationen war, die King Kong dem deutschen Oberkommando hatte zukommen lassen, so dass sie ihre Stellungen bei Nijmegen verstärkt hatten. Das sorgte dafür, dass die heranrückenden alliierten Heere so lange aufgehalten wurden, dass die notwendigen Verstärkungen Arnheim nicht rechtzeitig hatten erreichen können. Dadurch wurde die Schlacht verloren, und der Krieg dauerte mindestens ein halbes Jahr länger.

Die Katastrophe von Arnheim war folglich durchaus zum Teil eine Folge des Verrats durch King Kong.

Ich vermute, dass die Obduktion von King Kong solchen Aufruhr verursachte, dass dies De Graaff zu seinem erhellenden Buch inspirierte, so dass der zufällige Besuch von Willem Thöne letztendlich zu einem Beweis führte, dass King Kong eine zentrale Rolle im Drama von Arnheim gespielt hatte, wobei zugleich noch nebenbei Vaters Geschichte bestätigt wurde. Letztendlich kam die Wahrheit ans Tageslicht. Scheinbar liebt der Zufall die Wahrheit.

Der Zufall kann uns auch auf ganz spaßige Weise helfen und uns Zeit sparen.

1992 befand ich mich im Urlaub in Südfrankreich, in der Nähe des Dorfes Montauroux. Selbst dort kann es Bindfäden regnen, und so schlug ich meiner Frau am 24. Juni vor, an die Küste zu fahren, in der Hoffnung, dass es dort besser sein möge. Wir fuhren also durch das schöne Esterel-Gebirge, mit seinen hübschen roten Felsen, nach Théoule an die Mittelmeerküste.

Während wir in Richtung Küste unterwegs waren, sagte ich: „Mein Freund Jan W. wohnt hier irgendwo um die Ecke.“ Jan war ein Klubgenosse von mir aus meiner Studentenzeit in Leiden.

„Ich habe keine Idee, wo er genau wohnt“, fuhr ich fort. „Dumm, dass ich seine Adresse nicht mitgenommen habe.“

Als wir die Küste erreichten, hörte es auf zu regnen, und die Wolkendecke begann aufzubrechen. Wir wandelten durch Théoule. Es waren nur wenig Menschen auf der Straße. Eine ältere Dame mit einem kleinen Kind, offensichtlich ihrem Enkelkind, schlenderte langsam dahin. Ich sagte in meinem besten Französisch etwas Nettes über das Kind. Sie blickte mich leicht mitleidig an und sagte: „Sie sind natürlich Niederländer."

Ich gab zu, dass dem so war und hoffte, dass sie das nur an meiner ansehnlichen Körperlänge abgelesen hatte. Wir sprachen noch ein wenig und gingen weiter. „Warte mal eben", sagte meine Frau. „Vielleicht weiß sie ja, wo Jan wohnt!" Sie lief nochmals zurück und fragte: „Kennen Sie vielleicht Jan W.?"

„Aber natürlich!", rief die Frau aus. „Er und seine Frau gehören zu unseren besten Freunden! Er lebt in Grasse." Und auf der Stelle gab sie uns seine Adresse und Telefonnummer.

Wir besuchten Jan und seine Frau und bekamen ein herrliches Abendessen in ihrem Haus angeboten, das Ausblick auf die Bucht von Cannes hatte.

Schon wieder fragt man sich: Wie groß war die Wahrscheinlichkeit, dass wir an einem Küstenort unvermittelt auf eine Holländerin stoßen sollten, die uns die Adresse unseres mindestens 25 km entfernt in Grasse wohnenden Freundes geben konnte? Außerdem waren wir durch das Esterel-Gebirge gefahren, um nach Théoule zu kommen. Wir kamen folglich von noch weiter weg. Ich bin kein Mathematiker, aber die Wahrscheinlichkeit muss astronomisch gering gewesen sein.

Beim Zufall ist mit Sicherheit etwas Spielerisches beteiligt, so wie bei dem kleinen Kind, mit dem diese Geschichte ihren Anfang nahm.

Ich hoffe, deutlich gemacht zu haben, dass im Zufall mehr steckt als das, was wir als „normalen dummen Zufall" zu bezeichnen pflegen. Es wird natürlich immer Menschen geben, die selbst bei den spektakulärsten Beispielen sagen werden: „Na und?" Damit können sie nun einmal nichts anfangen.

Der englische Psychiater Maurice Nicoll legt in seinem Buch „Psychological commentaries on the teaching of G. I. Gurdjieff and P. D. Ouspensky" („Psychologische Kommentare zu der Lehre von G. I. Gurdjieff und P. D. Ouspensky") dar, dass es auf dieser Welt zwei Arten von Menschen gibt: Solche, die ein *magnetisches Zentrum* haben, und solche, die keines haben.

Was ist ein *magnetisches Zentrum*? Die Definition ist nicht leicht. Unsere heutige Wissenschaft glaubt nur an das, was messbar und wiegbar ist und hat alles Mysteriöse auf den Müll geworfen.

Im Grunde erlangen wir alle Fakten unserer Wissenschaft durch sinnliche Wahrnehmung, sei es durch Instrumente verstärkt oder nicht.

Der Sachverhalt, dass in gewisser Weise das Mysteriöse alles Bestehende umgibt, dass viele Dinge wissenschaftlich nicht erklärt werden können und – was viel schlimmer ist – *niemals* erklärt werden können, irritiert materialistische Wissenschaftler, als ob sie von einer Wespe gestochen worden seien.

Auf die eine oder andere Weise fehlt dem echten, eingefleischten Materialisten das Vermögen, das Mysteriöse zu prüfen und Erscheinungen zu erkennen, die, obgleich sie sich in dieser sichtbaren Welt abspielen, doch nicht zu dieser Welt gehören, sondern wahrscheinlich zu einer höheren Dimension. Diese höhere Welt bzw. diese höheren Welten erfüllen das Leben hier mit Sinn.

Das Gefühl für das Mysteriöse kommt – laut Nicoll – aus dem sogenannten magnetischen Zentrum, das bei so vielen in unserer Zeit nicht mehr funktioniert. Das Wort „Mysterium" ist an unseren Universitäten beinahe so etwas wie ein Fluch.

In unserer materialistischen Kultur ist vor allem bei der intellektuellen Oberschicht das magnetische Zentrum verkümmert. Das ist am Hochschulwesen *deutlich* zu spüren. Dies ist die Ursache dafür, dass gegenwärtig so viele Menschen unter einem Gefühl der Sinnlosigkeit leiden. Dieses Gefühl ist schon fast zu einer allgegenwärtigen Geisteskrankheit geworden, die viele junge Menschen mit Drogen und ungezügeltem Sex zu betäuben versuchen, was letztendlich die Qual nur noch verschlimmern kann.

Eine andere Methode, um dieses scheußliche Gefühl zu betäuben, besteht darin, bei Hardrock und anderen Formen von elektronischer Musik die Dezibelstärke aufzudrehen, wodurch sich das doch ein ganz klein wenig vorhandene reine Bewusstsein zu beinahe vollständiger geistiger Leere zusammenkrümmt.

Junge Menschen, die sich so verhalten, sind nicht das Schlechteste aus unserer Kultur. Sie verlangen zumindest noch nach einem Hauch von Mysterium und zeigen, dass ein Teil ihres magnetischen Zentrums noch funktioniert.

Jemand gänzlich ohne funktionierendes magnetisches Zentrum wird über alles Mysteriöse sagen: „Was heute noch nicht wissenschaftlich erklärt werden kann, wird sicher in Zukunft erklärt werden können. Wir müssen einfach abwarten, bis es noch bessere Computer gibt.“ Es geht ihnen nur um statistische Wahrscheinlichkeitsberechnungen, wenn man über den Zufall spricht. „Die Geschichten überzeugen mich überhaupt nicht und sind nichts anderes als reiner Zufall, wie sich die ganze Welt ja aus rein zufälligen Prozessen entwickelt hat.“

Andererseits wird jemand *mit* einem magnetischen Zentrum das Mysteriöse immer wieder erkennen und sich dazu hingezogen fühlen, und er wird immer mehr und besser die geheimnisvollen Aspekte des eigenen Lebens erkennen lernen. Es ist nämlich so, dass man im Leben umso weiter vorwärts kommt, je mehr man ein Auge dafür entwickelt. Sie werden dafür immer sensibler und ziehen immer mehr Wunder auf sich.

Schärfen Sie Ihre Wahrnehmung für den Zufall, und die Zufälle werden sich überschlagen und atemberaubende Muster enthüllen, wo vorher nur eine willkürliche Aufeinanderfolge von Ereignissen zu sein schien. Abgesehen von der Ehrfurcht, die Ihnen dies einflößt, ist es auch wirklich schön, damit zu leben. Das Leben beginnt wieder zu schillern, wenn die düstere Welt des Materialismus weggeblasen wird.

2

Mir liegt etwas am Herzen

Zur Zeit von René Descartes (1596-1650), der sagte: „Ich denke, also bin ich", erlag die Menschheit einer falschen Vorstellung. Es trat eine totale Spaltung zwischen Körper und Geist ein. Die Einheit ging verloren, und die Folgen ließen nicht auf sich warten. Unsere ganze Kultur erhielt etwas Verrücktes.

Kopflastiges Denken bringt nichts. Gedanken können gut sein, aber sie können auch völlig in die Irre führen. Denken wir nur an Äußerungen wie:

„Die Diktatur des Proletariats" (Marx)

„Kommunismus ist Elektrizität." (Lenin)

„Gott ist tot." (Nietzsche)

„Die Juden sind Parasiten, die ausgerottet werden müssen." (Nazis)

„Ein affenartiges Wesen entwickelte sich zum Menschen." (Evolutionstheorie)

Der Körper andererseits, der die Rolle eines rein stofflichen Objekts zugewiesen bekam, ist von tiefer Weisheit erfüllt. Er verfügt über einen Stoffwechsel, den unsere fortschrittlichsten Maschinen nicht annähernd erreichen können, und kann unter den bizarrsten Umständen überleben. Unser Immunsystem ist beispielsweise so kompliziert aufgebaut, dass wir davon nur einen Bruchteil begreifen. Lassen Sie mich ein Beispiel geben: Wenn sich eine Krebszelle bildet, kommt eine bestimmte weiße

Blutzelle an, die eine Art kleine Flagge aufstellt, als sei sie ein Torero in einer spanischen Arena, der einen Stier bemerkt. Dann kommt eine sogenannte „Killerzelle" und frisst die Krebszelle auf. Manche Krebszellen sind schlau, stülpen ein Hütchen über das Fähnchen und werden unsichtbar. Das Immunsystem hat dagegen auch wieder etwas gefunden.

Vergleichen Sie diese ungeheuer weisen Prozesse einmal mit wirklich schlechten Dingen, die Wissenschaftler herausgefunden haben, wie Atomwaffen, bakteriologische Kriegsführung oder giftige Pestizide, und erkennen Sie dann, dass der menschliche Geist nicht den Millionsten Teil der Weisheit besitzt, die unser Körper von Natur aus hat.

Als ein Beispiel für die Torheit der menschlichen Wissenschaft erinnere ich an ein Buch, das 1486 veröffentlicht wurde. Es hieß „Malleus Maleficarum", und der Volkstitel lautete „Der Hexenhammer". Der Großteil der gebildeten Menschen jener Zeit und auch zahlreiche Würdenträger von Kirche und Staat sowie viele Richter benutzten dieses infame Buch als Leitfaden, um Zehntausende von unschuldigen Frauen der Hexerei zu bezichtigen, sie zu foltern und auf den Scheiterhaufen zu bringen.

Lassen Sie mich ein Beispiel für die Art von Geständnissen anführen, die die Inquisitoren den Frauen während der Folter entlockten und die ihnen das Leben kosteten.

Es hieß, dass Hexen imstande seien, männliche Geschlechtsorgane von lebenden Männern zu stehlen und sie in Vogelnestern im Wald am Leben zu erhalten, indem sie diese mit Würmern fütterten.

Wir mögen angesichts solcher Absurditäten lachen und die Schultern zucken, doch manche der Vorstellungen, die in unserer eigenen Zeit verbreitet sind, dürften mindestens ebenso lächerlich sein, wie beispielsweise die, dass das Weltall aus einer enormen Explosion heraus entstanden sein soll.

Angesichts der tiefen Weisheit unseres Körpers ist es nicht verwunderlich, dass die Wunder der Zufälle in Zusammenarbeit mit diesem wunderbaren Körper gut wahrgenommen werden können, in dem wir ein ganzes Leben lang wohnen und der nicht von uns getrennt ist, sondern ein echter Ausdruck dessen, was wir selbst sind. Es ist gut, die Kluft, die Descartes verursacht hat, wieder zu überbrücken.

Mein Behandlungszimmer liegt mit einer Wand nach Osten. Als im Winter ein scharfer Ostwind ging und es fror, dass es nur so knackte – ich rede von früher – gefror der Wasserhahn an meinem Waschbecken. Es gab keine andere Methode, um dieses lästige Problem zu lösen, als gelassen abzuwarten, bis es taute. Im Winter 1980 passierte es wieder, und nach jedem Patienten musste ich meine Hände an der Westseite des Hauses waschen. Ich sehnte mich inbrünstig danach, dass es taute, sowie nach der plötzlichen Explosion, mit der der Wasserhahn ankündigte, dass er seinen Dienst wieder aufnahm.

Am 24. Februar kam eine Mutter mit ihrem sechsjährigen Söhnchen in die Sprechstunde. Der Junge pinkelte noch jede Nacht ins Bett. Seine Blase hatte bis jetzt jedem Training hartnäckig widerstanden. „Mindestens einmal pro Nacht ist das Bett klitschnass“, sagte sie. In eben diesem Augenblick hörte ich hinter mir die bekannte Explosion, und das Wasser schoss hervor.

Ebenso wenig, wie es mir geglückt war, den Hahn jemals unter Kontrolle zu bekommen, so dass ich darauf warten musste, bis es taute, gelang es mir auch, dem Kind das Bettnässen abzugewöhnen. Die Mutter musste noch einige Jahre warten, bevor bei ihm spontan die Heilung einsetzte.

Es gibt etwas, was jeder Arzt kennt, und das sogar in Deutschland einen eigenen Namen bekommen hat: „Die Duplizität der Fälle“. Ich möchte ein Beispiel anführen:

Am 5. November 1966 hatte ich eine Patientin, die ich schon einige Zeit lang wegen Gesichtsschmerzen behandelt hatte, einer ganz scheußlichen Erkrankung des Trigeminus-Nervs im Gesicht. Sie erzählte mir, dass es ihr letztendlich gut ging, worüber sie auch sehr froh war. Doch sie hatte noch das Gefühl einer Art von Steifheit, ein Taubheitsgefühl, in der linken Wange zurückbehalten. Dieses Leiden, Trigeminus-Neuralgie genannt, ist ziemlich selten. Ich habe in meinem ganzen Leben keine fünf Fälle dieser Art erlebt, und dieses Folgesymptom, das Taubheitsgefühl, war mir unbekannt.

Die nächste Patientin, die erschien, war neu für mich. Sie kam zur Nachbehandlung mit komplementärer Krebstherapie, denn sie war soeben wegen eines Gehirntumors operiert worden.

Ich fragte sie, wie sie sich fühlte, und sie sagte: „Im Allgemeinen geht es mir gut, Herr Doktor, doch ich habe noch ein steifes Taubheitsgefühl in meiner rechten Wange, und das ist ziemlich lästig." Sie ist die einzige Patientin, die ich mit diesen Beschwerden nach einer Operation je erlebt habe.

Diese beiden Fälle mit den *gleichen* seltenen Beschwerden – ausgelöst durch verschiedene Ursachen – bei zwei aufeinander folgenden Patienten ist ein schönes Beispiel für die Duplizität der Fälle, und das gehört mit Sicherheit in die Kategorie „Zufall".

Diese doppelte steife Wange tauchte in einem besonderen Moment auf. Wir hatten nämlich in unserer Ärzte-Gruppe abgesprochen, einen Monat lang auf Zufälle zu achten und beim nächsten Treffen über unsere Befunde zu berichten. Die beiden Patienten fielen in diesen Zeitraum, denn eine solche Absprache ist beinahe schon eine Einladung, um Zufälle anzulocken. Während ich meist zwei bis drei Fälle pro Jahr notiere, zählte ich in diesem Monat (31. Oktober bis 30. November) ganze zwölf.

Am 2. November schlug der Zufall richtig massiv zu. Ich hatte für den offenen Kamin Holz gehackt und schleppte einen Korb voll in die Garage. Da stieß ich mit dem Kopf hart gegen einen betonierten Querbalken, weil ich wieder einmal vergessen hatte, dass ich 1,99 Meter groß bin. Am selben Tag fiel etwas in meinem Arbeitszimmer auf den Boden. Ich bückte mich, um es aufzuheben, und beim Aufrichten stieß ich mir den Kopf genau an derselben Stelle heftig an einem Bücherregal an, das da schon seit fünfundzwanzig Jahren stand und noch niemals irgendwelche aggressive Neigungen in meine Richtung gezeigt hatte.

Vielleicht versuchte das Phänomen, an meinen Verstand zu appellieren, ihm ehrfürchtig gegenüberzutreten und es niemals wie etwas Altvertrautes zu behandeln.

Ein ganz anderes Beispiel ist das folgende: 1995 begleitete ich einen Jungen mit akuter lymphatischer Leukämie. Er hatte gerade eine Chemotherapie und Kortikosteroide erhalten, und seine Leukämie war vorübergehend unter Kontrolle. Ich fragte die Eltern, wie sie mit dieser schweren Krankheit ihres Kindes umgingen. In Anbetracht der Lebensgefahr fragte ich sie, ob sie einer Religion angehörten.

Zu meiner nicht geringen Verblüffung erzählten mir diese ur-holländischen Eltern mit ebenfalls ur-holländischen Namen, dass sie Buddhisten seien.

Ich warf einen Blick auf den kleinen Jungen, der totenstill auf dem Schoß seiner Mutter saß und mich mit seinen Mandelaugen tiefsinnig anstarrte.

Durch das Kortison hatte er ein kugelrundes Gesichtchen, und seine fetten Händchen lagen auf seinem dicken Bäuchlein. Sein wegen der Chemotherapie kahler Schädel glänzte. Mit einem Mal fiel mir auf, dass ich auf ein perfektes Mini-Abbild von Buddha blickte. Es war kein Irrtum möglich. Ein Jahr später, als ich die Eltern besser kennengelernt hatte, erzählte ich ihnen von diesem ersten Eindruck.

„Sie sind nicht der Erste, der das sagt", antworteten sie.

Ich war über die Weisheit des kleinen Buben erstaunt. Er war um die fünf Jahre alt, doch er sprach offen über seinen möglichen bevorstehenden Tod. Er verstarb 1997 im Alter von sieben Jahren.

Manchmal kann man es einfach abwarten, bis der Zufall eintritt.

1957 kam meine Assistentin Emilie in die Praxis. Sie sollte achtundvierzig Jahre bleiben. 2006 ist sie gestorben.

Als sie ungefähr zwei Monate im Dienst war, begegnete ihr ihr alter, sehr traditionell eingestellter Hausarzt. Er erkundigte sich danach, was sie tat. Als er meinen Namen hörte, rief er aus: „Oh, ist das nicht dieser Idiot, der Neuraltherapie und so etwas macht?“ Tja, alternative Heilkunde war in Medizinerkreisen in jenen Tagen nicht beliebt.

„Was ist Neuraltherapie?“, fragte Emilie.

„Wenn man bestimmte Störungsherde mit einer örtlichen Betäubung blockiert, wodurch man oft Beschwerden durch die Isolierung vom Störungsherd heilen kann“, erklärte ich. „Vielleicht kann ich es dir in den nächsten Tagen bei jemandem zeigen.“ Tatsächlich setzte ich diese Therapie etwa alle drei Wochen einmal ein. Doch so lange brauchte ich nicht zu warten.

Buchstäblich die nächste Patientin – sie kam zum ersten Mal – fragte mich wegen Schmerzen im rechten Knie um Rat, die sie seit einigen Monaten hatte. Ich schaute nach und fand rechts eine gewaltig geschwollene Mandel im Hals.

„Jetzt pass‘ auf“, sagte ich zu Emilie, und spritzte 1 cc Impletol, ein örtliches Betäubungsmittel, in die Mandel. Innerhalb von zehn Sekunden rief die Frau verblüfft aus: „Der Schmerz in meinem Knie ist weg!“

Die Erfinder, die Gebrüder Huneke, nannten dieses Phänomen das „Sekundenphänomen“. Es ist sehr beeindruckend, und außerdem hatte ich meiner neuen Assistentin bewiesen, dass ich zwar vielleicht ein Sonderling, jedoch kein Idiot war.

Um den folgenden Zufall bewerten zu können, muss ich zuerst etwas über Symbole erzählen. Der Mensch lebt in Symbolen, spricht in Symbolen, denkt in Symbolen.

Wenn jemand sagt: „Dieser Kerl ist ein Schwein", dann meint er das nicht wörtlich, sondern symbolisch. Der so Beleidigte hat keinen Schweinerüssel zum Wühlen, keinen Ringelschwanz und grunzt auch nicht, sondern er benimmt sich, wie der Mensch glaubt, dass sich ein Schwein verhalten würde, wenn es ein Mensch wäre.

Das gebräuchliche Symbol für Russland ist ein Bär, und für die USA ist es ein ziemlich magerer Mann mit einem hohen Hut, den die amerikanischen Flagge ziert, „Onkel Sam" genannt.

Winston Churchill, der große englische Staatsmann im Zweiten Weltkrieg, der unbeugsame Gegner Nazi-Deutschlands, glich dem Symbol Englands wie ein Ei dem anderen – John Bull.

Eines der Symbole für unseren Körper ist ein Haus. Selbst Menschen, die sich dessen nicht bewusst sind, können von einem Haus träumen, und wenn man ihren Traum analysiert, stellt es sich heraus, dass es um ihren Körper geht.

Jesus Christus benutzte ebenfalls ein Symbol für den menschlichen Körper, als er sagte (Johannes 2,19): „Brechet diesen Tempel, und am dritten Tage will ich ihn aufrichten." Dies bezog sich auf seinen Tod und seine Auferstehung nach drei Tagen.

Symbole sind nicht nur in unseren Träumen und Äußerungen wirksam, sondern auch in unserem täglichen Leben.

Im Sommer 1995 bekam ich einen bohrenden Schmerz in meinem linken Unterkiefer, der mir den Schlaf raubte. Der Zahnarzt fand, tief im Kiefer vergraben, einen Weisheitszahn, der langsam verfaulte und Gifte in die Umgebung absonderte. Ich vereinbarte daher einen Termin beim Kiefer-Chirurgen.

Im gleichen Sommer 1995 hatten wir ein Problem mit der Beleuchtung im Flur. Der gläserne Lampenschirm füllte sich langsam mit Wasser. Wir dachten zunächst an einen losen Ziegel oben auf dem Dach, doch der Klempner brach den Boden im ersten Stock auf und fand dort ein kleines Loch in einem Wasserleitungsrohr, aus dem ein hauchdünner Wasserstrahl spritzte. Der Zustand hatte offensichtlich schon geraume Zeit bestanden, denn es wuchsen schon Pilze drumherum. Betrachten wir den Zufall.

Am 13. September 1995 brach der Klempner den oberen Boden auf und fand das Leck mit dem verfaulenden Umfeld. Am 14. September betrachtete der Kiefer-Chirurg in der Universitätsklinik von Leiden die Röntgenfotos, schüttelte den Kopf und sagte: „Das ist ein gemeines Ding."

Diese ermutigenden Worte klangen mir noch in den Ohren, als er den Grund meines Unterkiefers durchbrach und mit einer Art pneumatischem Bohrer den faulenden, leckenden Zahn entfernte.

Man beachte die prächtige Symmetrie.

Den ganzen Sommer über litt sowohl mein wirkliches als auch mein symbolisches Haus an einem Leck.

Am 13. September wurde unter lautem Krachen der Boden in meinem richtigen Haus geöffnet, das Leck abgedichtet und das faulende Holz und die Pilze darum herum entfernt. Am 14. September wurde der 'Grund' meines Unterkiefers krachend geöffnet und Fäulnis plus Leck entfernt.

Und als Tüpfelchen auf dem 'i': Der sehr geschickte Kiefer-Chirurg in Leiden war ein liebenswürdiger Grieche, Professor Lekkas. Buchstäblich der Mann, der mein 'Leck' im Zahnfach wieder richtete.

Hier stoßen wir auf einen anderen Aspekt des Phänomens Zufall: Er ist versessen auf Scherze, Wortspiele und auch Zahlentricks. Auch scheint der Zufall ein Vergnügen an symmetrischer Struktur aufzubauen. Davon ein kleines Beispiel.

Am 5. Januar 1983 traf mich eine dieser gemeinen Influenza A-Grippen, die sich so anfühlen, als hätte einem jemand mit einem Vorschlaghammer auf den Kopf geschlagen.

Ich war *knocked-out*, doch am 9. Januar schlich ich mit klapprigen Beinen wieder ein wenig herum.

„Schau' mal, was ich gefunden habe!", sagte meine Frau mit dieser netten, gesunden Stimme, die für die Nerven des eben genesenden Grippepatienten geradezu eine Beleidigung ist. Aus einer alten vergessenen Dose hatte sie einen Film herausgefischt, der zweiunddreißig Jahre vorher von unserer Hochzeit aufgenommen worden war.

Wir schauten den Film an – und da stand ich, im Jackett. Der schwarze hohe Hut rutschte mir beinahe über die Ohren, weil ich so abgemagert war. Diesen bleichen „Tod von Forchheim" hätte ich nicht gern als Schwiegersohn gehabt. Doch ich erinnerte mich, vor meiner Hochzeit war ich Opfer einer anderen gemeinen A-Grippe, der *Bornholm'schen Krankheit*, geworden. Unsere Hochzeitsfeier wurde abgeblasen, und die Hochzeit selbst schaffte ich gerade eben so.

Wenn Sie einmal die Daten betrachten, dann erkennen Sie, wie fleißig der Zufall am Webstuhl der Zeit sitzt:

A	3.-8. Juli 1951	Bornholm'sche Erkrankung
B	9. Juli 1951	Hochzeit
A'	5.-8. Januar 1983	A-Grippe
B'	9. Januar 1983	Film von meiner Hochzeit (an diesem Tag wiedergefunden). Es war überdies ein Film, den ich vorher nie gesehen hatte. „Dies ist ein Beispiel für Alternanz."

Diese Struktur ist nicht neu. Im 19. Jahrhundert lebte einer der brillantesten Bibelkenner des gesamten Christentums, Pfarrer

E.W. Bullinger. Er entdeckte, dass die ganze Bibel, das Alte und Neue Testament, in diesen symmetrischen Strukturen geschrieben ist, sowohl in ihrer Gesamtheit als auch im Detail. Neben der Alternanz fand ich auch die sogenannte *Introversion*, bei der man nicht A-B-A-B sieht, sondern A-B-B-A. Eigentlich ist die Bibel ein großes Gedicht.

Manchmal kann man diese Strukturen, die scheinbar zufällig entstanden sind, in Wirklichkeit aber andeuten, dass unser Leben wie ein Lied ist, das 'gesungen' wird, im Leben wiederfinden.

Am 18. September 1980 erwachte ich aus einem langen, verwickelten Traum. Nur das letzte Stück blieb in meinem Bewusstsein hängen, und ich schrieb es sogleich in mein Traumbuch.

Ich hatte scheußliche Halsschmerzen und schaute in den Spiegel. Meine Zähne saßen ziemlich locker, und ich spuckte Stückchen aus (ich hielt sie für Zahnstückchen), einen Blutstrom und zum Schluss ein Stück grünes Glas, so ungefähr in der Form eines Dreiecks mit scharfen Rändern. Ich konnte deutlich die drei Stellen in meinem Hals spüren, wo die drei Spitzen festgesessen hatten.

Ich sprang aus meinem Bett und schaute direkt nach diesem Traum in den Spiegel, doch zu meiner Erleichterung sah alles gut aus. Der Traum spukte jedoch weiterhin als vage Drohung in mir herum.

Es war ein Donnerstag, der Tag, an dem ich nach der Sprechstunde immer in den *Wasserleitungsdünen* wandern ging, einem herrlichen Stück Natur mit vielen Pflanzen- und Vogelarten, mit Damhirschen, Rehen und Füchsen, ja sogar ab und zu mit einem Marder.

Während ich dort lief, dachte ich über meinen sonderbaren Traum nach. Was hatte er zu bedeuten? War es die Warnung vor einer Krankheit? Warum ein dreieckiges Glasstück mit scharfen Kanten? Plötzlich fiel mir auf, dass die Gaumenmandel und die beiden Halsmandeln in einem Dreieck liegen, und die Zeit flog zurück zu meinem sechsten Lebensjahr, als ich gerade im Zahnwechsel war (die lockeren Zähne in meinem Traum). Meine Mutter brachte mich nach St. Johannes de Deo, ein Krankenhaus in Haarlem. Dort wurde ich von einem stämmigen Bruder in einer Gummischürze auf den Schoß gesetzt, der mich in eine Art Haltegriff nahm. Hinter einem Vorhang kam Dr. Eysvogel, der Hals-, Nasen-, Ohrenarzt, hervor, und in seiner Hand hielt er etwas, das einer Baumschere glich. Er sagte, ich solle den Mund aufmachen. Dann spürte ich einen Schmerz, schlimmer als ich ihn je erlebt hatte. In einem Strom von Blut spuckte ich zwei große Klumpen aus. 1931 wurden die Kinder bei einer Mandel-Operation noch nicht betäubt. Ich wusste wirklich nicht, ob Dr. Eysvogel eine Baumschere in der Hand gehabt hat oder nur einen scharfen Haken – jedenfalls ist meine Erinnerung so.

Nun begriff ich, warum ich diesen Traum genau in jener Nacht gehabt hatte. Am Abend zuvor fragte mich meine Frau nämlich: „Würdest du bitte die Baumschere bei Mama holen? Ich muss morgen die Rosen schneiden."

Der Traum war folglich zum Glück keine Prophezeiung, sondern eine Erinnerung. Ich war froh, den Assoziationsketten richtig gefolgt zu sein: Drei Schmerzpunkte – Mandel-Operation – Blut spucken – Baumschere. Während ich über all dies nachdachte, war ich auf eine Düne hinaufgeklettert. Genau in dem Moment, als ich die Lösung für meinen Traum fand, stieß mein Fuß gegen einen Gegenstand im losen Sand. Ich bückte mich und fand ein dreieckiges Stück grünes Glas mit scharfen Rändern, exakt dasselbe, wie ich es in meinem Traum ausgespuckt hatte.

Dieses Glasstück ist noch immer in meinem Besitz. Es liegt in meiner Mineraliensammlung. Es erinnert mich daran, dass diese Welt viel merkwürdiger ist, als wir denken, und diese und die andere Welt fortwährend in einem verschlungenen Tanz miteinander verbunden sind.

3

Sternschnuppen

Nachdem ich Ihnen, liebe Leserin, lieber Leser, einige Kostproben von einer Reihe von Zufällen geboten habe, um zu zeigen, was ich unter Zufall verstehe, fordere ich Sie nun auf, über einige Dinge nachzudenken.

Viele Menschen werden mit ihren eigenen Geschichten die meinen bereichern können. Zufälle sind ständige Begleiter der Menschheit und müssen vom Menschen schon ab dem Moment beobachtet worden sein, als er diese Welt zum ersten Mal betrat.

Bereits ganz früh in der Menschheitsgeschichte muss der Mensch erkannt haben, was für ein gewaltiges Potenzial in diesem Phänomen steckt, und sich gefragt haben, ob er es nicht unter Kontrolle bekommen könne, um der Menschheit damit zu dienen. In diesem Kapitel möchte ich ein erstes Beispiel dafür anführen, wie die Menschen dies versuchten. Im Verlauf dieses Buches werde ich immer wieder weitere Beispiele einschieben.

Das erste Beispiel betrifft die Astrologie. Natürlich nicht die Astrologie, die Sie in den volkstümlichen Rubriken der Tagblätter lesen, die Ihnen für Mittwoch finanzielle Gewinne und für Freitag eine Auffrischung Ihres Liebeslebens versprechen. Wir wollen es seriös halten.

Möchte ein Astrologe etwas über einen Menschen wissen, dann erstellt er für ihn ein Horoskop – eine *Sternenkarte* vom Augenblick seiner Geburt.

Die Sternenkarte wird als eine Art komplizierte Himmelsuhr betrachtet. Kennt man die Symbolik von Sonne, Mond, Planeten und Sternbildern, so kann man viel über jemanden erzählen, denn Astrologen sagen, dass zwischen der Sternenkarte und dem Charakter ein Zusammenhang besteht. Sie sagen auch, dass sie einem Menschen damit auf seinem Lebensweg helfen können.

Was hat das mit Zufall zu tun? Alles – denn beim Zufall sehen wir, wie zwei oder mehr scheinbar unabhängig voneinander existierende Ereignisketten zusammenfallen, im Fall der Astrologie die Bahnen der Himmelskörper und das Leben eines Menschen auf Erden.

Der große Unterschied zwischen spontan auftretenden Zufällen und berechneten Horoskopen ist der, dass der Astrologe versucht, dem, was er selbst berechnet hat, eine sinnvolle Antwort zu entlocken. Er lässt den Zufall für sich arbeiten. Nun ist es aber zum Glück so, dass im tiefsten Sinne jeder Mensch ein Mysterium ist und die Himmelsuhr bezüglich der Essenz einer Person schweigt wie ein Grab. Nur der liebe Gott weiß, wer wir wirklich sind – ein Astrologe weiß es niemals.

Sie können folgendes Axiom aufstellen: Ein Astrologe weiß niemals, wer jemand ist, aber er kann oft viel darüber erzählen, was jemanden ausmacht – seine Möglichkeiten und Fertigkeiten beispielsweise. Hier scheint das Phänomen Zufall in der Tat praktisch angewendet werden zu können.

Ich möchte hier einen bestimmten Bereich der Astrologie behandeln, der kaum bekannt ist. Jeder kennt wohl die Tierkreiszeichen, und die meisten Menschen wissen selbst, ob sie Widder oder Steinbock sind.

Viel weniger bekannt ist, dass jeder der 360 Grade des Tierkreises ein eigenes Merkmal besitzt. Dies kann man mit einem bestimmten Wort oder einem bestimmten Ausdruck bezeichnen, beispielsweise „Freundschaft“ oder „Faulheit“ oder „Melancholie“.

Ganz früh schon hat der Mensch diese Begriffe bildlich dargestellt. Die ersten Beschreibungen tauchen bereits im 1. Jahrhundert n. Chr. beim römischen Dichter Manilius auf. Danach erscheinen sie regelmäßig quer durch die europäische Geschichte hindurch. So gibt es eine schöne Abbildung in Rosettenform von 1283 aus dem Vatikan. Es gibt ein Buch, das 1448 in Augsburg gedruckt wurde, ein Werk des berühmten J.J. Scaliger von 1600 und ein Buch von 1794 vom Pariser Professor Dupuis.

Auffällig ist, dass die Darstellungen im Bild nie feststehen, so wie die Tierkreiszeichen, sondern dass durch den Autor dieselben Begriffe immer im zeitgenössischen Stil bildhaft ausgefüllt werden.

1937 erschien ein Buch von Janduz (J. Duzea), in dem Claude Lhuer die Grade neu gezeichnet und in ein Umfeld aus dem 18. Jahrhundert gestellt hat, um das Altertümliche der Grade darzustellen. Als Beispiel dafür, wie die Begriffe gleich blieben, die bildlichen Vorstellungen jedoch anders ausgefüllt wurden, möchte ich den 11. Grad des Skorpion anführen. In einem Buch aus Heidelberg, aus dem Jahr 1490, sehen wir unter dem Begriff „Neugier“ einen mittelalterlich gekleideten Mann, der gerade einen Skorpion hochhält, wobei er mit seiner Faust den Schwanz umklammert. In der Janduz-Ausgabe ist es ein bunt gekleideter Mann, der den Skorpion am Schwanz hält und baumeln lässt.

Auf dem Bild von 1490 sehen wir rechts eine Ruine, im Janduz-Bild lehnt der Mann an einer Ruine. Außerdem kommen im Janduz-Bild ein Stern und ein Hase vor, der sich neugierig aufrichtet.

Im 20. Jahrhundert tauchte bei der Gruppe um Marc Edmund Jones in Amerika, die sich „The Sabians“ nannte, eine neue Serie von 360 Graden auf. Diese „Sabischen Symbole“ sollten angeblich mesopotamischer Abstammung sein, doch das war Wichtigtuerei.

In Wirklichkeit sind sie folgendermaßen entstanden: Eine begabte Hellseherin, Frau Wheeler, setzte sich einige Monate lang in einen Park in New York, konzentrierte sich auf den Tierkreisgrad und empfing dann ein Bild. Am Ende hatte sie sie alle beisammen.

Letztendlich entdeckte der geniale Astrologe Wim Koppejan aus Den Haag, dass die sabischen Symbole jedes für sich die Lösung eines Problems anboten, das von den Janduz-Bildern gestellt wurde. Die sabischen Symbole waren so etwas wie Lösungsakkorde. Es war das Lebenswerk von Koppejan, diese 2 x 360 Bilder zu 360 zusammenhängenden Geschichten zusammenzufügen und bekannte Persönlichkeiten aufzuspüren, die diese Grade auffällig in ihrem Horoskop hatten und folglich eine Demonstration dessen in ihrem Leben abgaben. Seine Entdeckungen wurden posthum von seiner Frau Helene von Woelderen herausgegeben und unter dem Titel „Bildband des Tierkreises" in drei Teilen veröffentlicht.

Ich werde drei Beispiele für die Arbeit mit diesen Bildern anführen. Als ich 1952 mein Studium beendete, blieben mir noch einige Monate übrig, die ich als Assistent am Provinzkrankenhaus in Santpoort, einer psychiatrischen Klinik, absolvierte. Ich arbeitete dort unter dem Kollegen Nic Ockhuysen, der den linken Frauenflügel betreute.

Damals gab es eine Patientin, Frau L., die so wild war, dass sie ihr Leben in einer Isolierzelle fristete, denn wir verfügten noch nicht über alle chemischen Mittel, um schwere psychiatrische Fälle zu beherrschen. Diese Patientin lief den ganzen Tag wie eine Löwin hin und her, die man in einen Käfig gesperrt hatte. Ab und zu versetzte sie dem vergitterten Fensterchen einen Schlag und knurrte dabei. Wenn sie gewaschen werden musste, stürmten vier Pfleger zugleich in die Zelle, und jeder packte sich ein Körperteil.

Diese Patientin wurde vom Personal zur Feuertaufe junger Assistenten benutzt. Es dauerte dann auch nicht lange, bis Nic scheinbar beiläufig die gefürchteten Worte aussprach: „Geh‘ du mal morgen auf einen Plausch zu Frau L.“

Ich schlief schlecht in jener Nacht, denn wenn man noch mit all seinen Kleidern am Leib wieder ihrer Zelle entkam, konnte man von Glück reden. Ich hatte jedoch einen Trumpf in der Hand, von dem Nic nichts wusste – meine Ephemeriden.

Frau L. war Wassermann. Am Tag ihrer Geburt stand ihre Sonne im 13. Grad Wassermann – ein wütender Löwe, der gegen die Gitterstäbe seines Käfigs tobt. Ich hatte auch den höheren Grad nachgeschlagen: Ein Barometer, das unter dem Vordach einer gemütlichen Land-Herberge hängt.

Als ich die Zelle betrat, standen Nic und der Oberpfleger auf dem Gang, um zu warten, in freudiger Erwartung der Dinge, die sich gleich ereignen würden. Da stand ich der gefürchteten Patientin gegenüber. Es war eine Art königliche Frau, mit einem schönen, fein geschnittenen Gesicht, schwarzem Haar, das wie eine Mähne herabwallte, und großen, forschenden Augen.

Sie richtete sich hoch auf. Da stand sie, auf bloßen Füßen, den Blick auf mich gerichtet. Ich konzentrierte mich auf ihr zweites Bild. Plötzlich zog sie einen Ring vom Finger, machte eine Verbeugung und bot mir diesen an. „Annehmen“, zischte Nic hinter der Tür. Ich nahm den Ring an, hielt ein kurzes Schwätzchen mit ihr und verließ die Zelle, ohne dass mir ein Haar gekrümmt worden wäre, ungeheuer erleichtert über den guten Ablauf. Nic begrüßte mich mit den Worten: „Verdammt, wie machst du das?“ Als der Oberpfleger weg war, erklärte ich Nic, wie ich mit den Bildern der Tierkreisgrade jongliert hatte, und wir blieben Freunde auf Lebenszeit.

13. Grad Wassermann – absolute Freiheit.
Ein wütender Löwe schlägt gegen die Gitterstäbe seines Käfigs.

Was geschah da nun eigentlich? Ich vermute, dass Frau L. als liebes, heiteres Kind geboren worden war, ganz im Einklang mit der Stimmung, die durch das Bild von der Herberge ausgestrahlt wird. Dann muss in diesem ganz jungen Leben etwas Schreckliches geschehen sein: Ein Inzest, Folter, ganz gleich, was es war. Auf jeden Fall etwas, wodurch sie demjenigen, dem sie am meisten vertraute, nicht mehr vertrauen konnte. Diese zarte Seele hatte sich isoliert, und nur eine harte, wilde äußere Seite, eine Art Schale, die wahrscheinlich einen der Elternteile symbolisierte – war übrig geblieben.

Nun erinnerte ich ihre verschlossene Seele an das, was sie von ihrem eigentlichen Wesen her war. Dadurch erwachte sie zu ihrem eigentlichen Selbst. Ich tat das einfach, indem ich mir das zweite Bild geistig vorstellte und es emotional mit der Stimmung, die dazu gehört, auflud.

So sah ich die Möglichkeit, einen Bund mit dieser Seele zu schließen, und als Zeichen dafür wurde sie still und bot mir das Zeichen der Verbundenheit an – ihren Ring.

Ich war noch nicht lange in der Praxis, als mich eine 18-jährige junge Frau besuchte. Sie war aufsässig und depressiv, und dafür hatte sie auch einige Gründe. Ihr Bruder hatte Muskeldystrophie. Er saß den ganzen Tag im Rollstuhl, und ihm musste bei allem geholfen werden. Sprichwörtlich alles musste ihm hingereicht werden.

„Warum widerfährt mir das?“, sagte sie. „Meinen Freundinnen gehen fröhlich aus, und ich muss immer zu Hause aufpassen.“ Ich zeigte ihr den Hauptgrad ihres Horoskops: Den 17. Grad Zwillinge. Ein Mann in einem Kämmerlein sitzt auf einem Stuhl und greift mit beiden Händen nach einer gedeckten Tafel, die mit Obst, schönen Büchern und einer Schreibfeder beladen ist. Zu seinen Füßen liegt ein zerbrochener Krug, aus dem Wasser rinnt. Das Traurige ist, dass dieser Mann keine Hände hat und somit nicht zulangen kann.

17. Grad Zwilling – Ohnmacht. Ein Mann ohne Hände sitzt vor einer gedeckten Tafel, auf der verschiedene Dinge liegen: Frisches Obst und schöne Bücher. Zu seinen Füßen rinnt Wasser aus einem zerbrochenen Krug.

Als sie diesen Grad sah, erlitt sie einen Schock. „Aber das ist er“, sagte sie.

„Warum habe *ich* diesen Grad?“

„Weil du den bekommen hast, um davon weise zu werden“, sagte ich „Echte Weisheit ist mehr wert als viele Feste.“

Warum wusste ich das? Durch das zweite Bild: „Der Kopf eines jungen Mannes verändert sich in den eines erwachsenen denkenden Menschen.“

Dank dieser Erkenntnis konnte sie inneren Frieden schließen.

Es ist für den Leser vielleicht gut zu wissen, dass dies das Hauptbild von Prinz Bernhard war. Ein Prinzgemahl darf nichts anfassen! In seiner Jugend war er ein ziemlich wilder junger Mann, der dreimal einen schweren Autounfall hatte, weil er zu schnell fuhr und sich daran ernsthaft die Finger verbrannte. Früher jagte er in Afrika Großwild, später wurde er jedoch als Präsident der große Mann des WWF. Ich erinnere mich noch daran, als er in die Niederlande kam – ein freundlicher junger Mann mit einem glatten, unbeschriebenen Gesicht, und was hatte er im Alter doch für einen schönen Kopf bekommen! Er war ganz zu seinem zweiten Bild geworden, und dann weiß man, dass sich jemand gut entwickelt hat.

Das letzte Beispiel ist das Hauptbild einer historischen Figur: Josef Stalin. Mit dem Hauptbild meine ich das Bild, das zum Zeitpunkt seiner Geburt am Horizont auftaucht, der sogenannte Aszendent: 15. Grad Skorpion: Ein schwarzer Bär liegt schlafend unter einem Baum, während ein Bienenschwarm über seinem Kopf herumschwirrt. Ein Bild „verächtlicher Gleichgültigkeit“.

Die Chinesen erstellten für ihre Kaiser ein Horoskop, weil ein totalitärer Herrscher das Schicksal eines ganzen Volkes gestaltet. Stalin war nicht nur Repräsentant des russischen Bären, er war auch ein zwielichtiger Mörder, versunken im blutrünstigen Traum vom Kommunismus, der sich nicht um das niedere Volk (die Bienen) kümmert, das den Wohlstand schuf, in dem die kommunistische Elite lebte.

15. Grad Skorpion – verächtliche Gleichgültigkeit. Ein Bär schläft unter einem Baum. Er ist von einem Schwarm Bienen umgeben, die wütend um seinen Kopf herumsummen.

Das zweite Bild: „Lachende Kinder spielen auf fünf Sandhaufen." Abgesehen von seiner altmodischen Art anlässlich von feuchtfröhlichen Spitzenbegegnungen mit den Amerikanern und Engländern während des Weltkrieges (sie nannten ihn liebevoll „Onkel Josef") gibt es nichts in seinem Leben, wo sich dieser 15. Grad zeigte. Man kann Stalins Leben als missglücktes Leben betrachten, zumindest wenn man es rein anhand der Bedeutung der Grade bewertet.

Ich habe durch die Grade viel gelernt. Mit Hilfe dieser Bilder habe ich langsam, aber sicher erkannt, dass bei der Geburt nicht der Körper des Menschen auf Erden erscheint, sondern auch viele Ereignisse in dessen Leben mitgeschaffen werden. Die Lebensumstände eines Menschen entfalten sich nach einem bestimmten Muster.

Man hört oft Menschen klagen: „Wenn die Lebensumstände nur besser wären, dann würde mein Leben ganz anders verlaufen." Doch dem ist nicht so. Die Lebensumstände gehören zur

Gesamtheit eines individuellen Menschen. Versucht man, Lebensumstände zu verändern, ohne die eigene Einstellung zu verändern, so führt dies meist nur zu noch mehr von derselben Sorte.

Betrachten wir einmal alle die Männer, die sich in einer Midlife-Krise befinden und meinen, die Angelegenheit zu lösen, indem sie sich eine andere Frau nehmen. Sind sie dann erst einmal verheiratet, stellt sich heraus, dass die neue Partnerin wieder denselben Charakter hat wie ihre Vorgängerin. Eine echte Veränderung der Lebensumstände kann nur von innen erreicht werden. Eine Veränderung der eigenen Lebenseinstellung bewirkt wahre Wunder.

Ich will ein Beispiel anführen. Eines Tages sagte meine Frau zu mir, dass sie gerne Hirsche im Freien sehen wolle. Sie waren damals noch nicht in den *Wasserleitungsdünen*. Wir fuhren daher in den Nationalpark „Hoge Veluwe", und ich fragte den Förster, wo ich Hirsche finden könne. Er nannte mir drei mögliche Stellen, und wir suchten sie alle drei auf – aber es waren keine Hirsche da.

„Wir machen das falsch", sagte ich. „Lass' uns jetzt einfach ein wenig spazierengehen, völlig entspannt, und über die Hirsche nachdenken. Was weißt du über Hirsche?" Also schlenderten wir über ein großes freies Heidefeld, dachten nach und unterhielten uns etwa zehn Minuten lang „in Sachen Hirsch". Dann sagte ich: „Bleib' jetzt einmal stehen und schau' nach vorn!"

Dort, in ungefähr fünfzig Metern Abstand, stand unter einer Kiefer eine Hirschkuh und säugte zwei Junge. Wir standen einige Zeit da und betrachteten dieses bezaubernde Schauspiel, als plötzlich zwanzig Meter weiter weg Hirsche in einer langen Reihe hintereinander von rechts angerannt kamen. Mit zierlichen Sprüngen flogen sie vorbei – mindestens fünfzig Stück. *Weder* vorher *noch* nachher habe ich jemals so viele Hirsche beieinander gesehen. Indem wir unsere innere Einstellung änderten, hatte dies uns eine Begegnung ermöglicht, die wir niemals mehr vergessen haben.

Kennt man die Bilder der eigenen Galerie, so nimmt man manchmal ein befremdliches Gefühl wahr, wenn diese ab und an in uns und in unserem Umfeld deutlich zutagetreten. Plötzlich befindet man sich mitten in seinem eigenen Bild. Das ist eine Erfahrung, die demütig macht, denn man wird sich dessen bewusst, dass man Teil eines unermesslich großen Ganzen ist, viel gewaltiger, als man begreifen kann.

Es gibt meiner Meinung nach bei der Astrologie eine ernstzunehmende Gefahr. Ich habe das bestimmte Gefühl, dass die Welt des Zufalls, die ständig in Bewegung ist, es nicht mag, wenn sie in bestimmte Bahnen gelenkt wird. Diese Welt will frei sein, sprühend wie ein Wasserfall, sprudelnd wie eine Quelle, und verändert ihre Form stetig wie eine Wolke. Will man diese Welt festzimmern, wie man Schmetterlinge auf ein Holzbrett aufspießt, so kann dies zu Arroganz und Trotz führen. Man vergisst dabei den Menschen und sieht nur noch sein Horoskop. Die Sternenkarte schiebt sich zwischen Sie und Ihre lebendigen Mitmenschen. Der Mensch wird zum Stereotyp und ist nicht mehr einzigartig.

Ich habe erlebt, wie diese Einstellung so manchem Astrologen eine Art „Ich-bin-der-Allmächtige-Herrgott"-Komplex beschert hat. Mit zunehmendem Alter möchte man den anderen immer mehr direkt erleben, ohne fremde Hilfsmittel. Einfache Fragen und direktes Mitgefühl sagen dann mehr als komplizierte astrologische Berechnungen. Man muss immer bedenken, dass jemand kein „Krebs" oder „Löwe" *ist*, sondern ihn *hat*. Etwa so, wie man ein Haustier hat.

Die Tiere des Tierkreises sind Teil Ihres persönlichen Tiergartens, dessen Direktor Sie sind.

Die Tiere, die dort leben, haben Sie bekommen, damit sie Ihnen helfen und Sie leiten.

Den Scherz, den ich mir bei Frau L., der rasenden Bewohnerin der Isolierzelle, herausnahm, habe ich denn auch niemals mehr wiederholt. Es hatte für mich zu sehr den Beigeschmack von Magie, was nicht wirklich gut ist. Es steht uns nicht zu, 'lieber Gott' zu spielen.

Geht es nur darum, Astrologie mit der Idee *Zufall* in Verbindung zu bringen? Was haben die soeben besprochenen Bilder damit zu tun?

Es gibt Menschen, die ihr Leben leben.

Es gibt Bilderserien, 2 x 360, die durch merkwürdige Umstände in unseren Besitz gekommen sind.

Diese Bilder werden dann mit dem jeweiligen astronomischen Stand der Sonne, des Mondes, der Planeten und dem exakten Grad zum Zeitpunkt der Geburt in Zusammenhang gebracht. Aus diesem scheinbar zufälligen Zusammenspiel von Umständen entstehen dann sinnvolle Fakten. Eine unwissenschaftlichere Methode kann man sich kaum vorstellen. „Alles bloß Zufall", doch es klappt oft überraschend gut.

„Unwissenschaftlich" ist ein Wort, das unter maßgeblichen Menschen der schlimmste Fluch ist, den es nur gibt. Genau so, wie wenn man im Mittelalter jemanden zum Ketzer erklärt hat.

Aber das ist ja das Erfrischende an der Welt des Zufalls. Er ist wissenschaftlich nicht greifbar. Dann ist er lieber ein Ketzer. Die penibIen Wissenschaftler wissen nicht, wie faszinierend es ist, nicht-wissenschaftlichen Dingen zu begegnen, die einfach so richtig schön sind. Der Zufall ist nicht greifbar und doch wahr.

4

Jetzt lassen wir die Katze aus dem Sack

Passiert Ihnen das auch so oft? Am 9. Mai 2004 träumte ich von einem sehr sonderbaren Männlein. Es hatte ein ganz normales Gesicht, doch seine Nase sah aus wie eine rote Banane, die aus seinem Gesicht hing.

Abends knipste ich den Fernseher an und fiel unerwartet *mit der Nase in die Butter* – ein herrlicher Naturfilm aus Borneo über Nasenaffen, und sie sahen exakt aus wie das Männlein aus meinem Traum. Als hätte der Schöpfer einen Scherz gemacht, und hier machte der Zufall einen Scherz über einen Scherz.

Ich behandelte einmal eine sehr nette Krebs-Patientin. Sie war eine liebe Frau, doch so verschlossen wie eine Auster, ein häufiges Problem bei Krebs. Weil sie schwer krank war, steuerte ich einige Tiergeschichten mit schönen Bildern bei, um ihr Leiden aufgrund der Chemotherapie zu lindern.

Eines Morgens erwachte ich mit dem Gedanken: ‚Heute nehme ich den Seestern.' Als ich so über das Tier nachdachte, fiel mir auf, wie dieses Tier eine perfekte Antithese zu ihrer Verschlossenheit war, denn Seesterne knacken Austern auf. Der Seestern ist nach dem Goldenen Schnitt aufgebaut, dem uralten Maß, das von uns Menschen als Höhepunkt der Schönheit empfunden wird.

Folglich schrieb ich meine kleine Geschichte und legte ein kleines Geschenk bei: Eine kleine Austernschale, in der eine kleine Perle lag, die ich einmal als Werbepräsent erhalten hatte. Ich schrieb dieser Frau, die unter starken Schmerzen litt, dass dies alles seinen Sinn habe, weil aus Schmerz dennoch, trotz allem, oft geistige Perlen entstehen. Perlen sind die Tränen des Meeres. Die Perle fand ich genau an dem Tag, an dem ich über den Seestern schrieb, „zufällig" hinten in einer Schublade auf dem Speicher, in die ich bestimmt seit zehn Jahren nicht mehr hineingeschaut hatte.

Nachdem ich meine Geschichte für sie fertiggestellt hatte, besaß ich noch etwas Zeit und suchte aus meiner Bildersammlung einen schönen Schmetterling aus, um ihn als Füllsel einzukleben. Ich schaute auf die Rückseite, da stand in winzig kleinen Lettern „*Perlmutt*schmetterling aus Südamerika" geschrieben …

Ich hatte extra einen Schmetterling ausgesucht, weil auch Schmetterlinge nach dem Goldenen Schnitt aufgebaut sind.

Betrachten Sie einmal diesen Reigen an Zufälligkeiten, der sich hier abspielte. Der Seestern ließ mich an die Auster denken, und während ich auf dem Speicher nach Schmierpapier suchte, fand ich die Auster mit der kleinen Perle – rein zufällig. Der Seestern steht mit dem Goldenen Schnitt in Beziehung. Daher suchte ich noch nach einem anderen Tier, das nach dem Goldenen Schnitt aufgebaut ist – nach einem Schmetterling. Als ich ihn umdrehte, um ihn festzukleben, sah ich, dass dort „Perlmuttschmetterling" stand. Von diesen kleinen Wundern wird es einem warm ums Herz.

Für meine Krebs-Patientin, die ich mit Tiergeschichten aufmunterte, landete ich einige Tage später *beim Esel.*

Ich schlug die Rembrandt-Bibel auf. Plötzlich sah ich, dass diese sich unvermittelt bei der herrlichen Schilderung von Bileam auf dem Esel aufgeschlagen hatte. Ich schrieb damals gerade an einer Geschichte über den Unterschied zwischen Esel und Pferd.

Das Pferd: Zeichen von menschlicher Macht, einem aggressiven Selbst. Symbol der Eroberung.

Der Esel: Zeichen menschlicher Bescheidenheit und Duldsamkeit. Franz von Assisi bezeichnete seinen Körper als „Bruder Esel".

Abends im Bett las ich „Richter Tie" – eine herrliche Entspannungslektüre. Direkt vor dem Einschlafen sah ich noch eine Zeichnung: Richter Tie, hoch zu Ross, begegnet dem alten hinkenden Weisen, Meister Kalbas, einem taoistischen Mönch, der zusammengekauert auf einem Eselchen sitzt. Wenn der Zufall sich mit Tieren beschäftigt, ist er wirklich ganz verspielt darauf.

Mir fällt auch auf, dass der Zufall auf vielfache Weise Gast bei dem ist, der selbst kreativ ist.

Noch so ein federleichtes 'Nichts': Am 31. Januar 2006 kam ein kleiner fröhlicher Junge in die Sprechstunde. Er hieß Gillis.

„Er hat heute morgen einen Zeisig gesehen", sagte seine Mutter. Gillis strahlte. „Den habe ich noch niemals gesehen!", rief ich aus. Gillis strahlte noch mehr. Am nächsten Tag sagte meine Frau: „Da sitzt ein putziges Vögelchen im Garten. Gibt es noch andere Meisen außer Kohlmeisen und Blaumeisen?"

In diesem Moment ließ sich ein Grünfink auf dem Baum im Hinterhof nieder. Ich lief nach oben, um mein „Was fliegt denn da?" zu holen, um sicher zu wissen, ob es ein Grünfink war, und weil ich schon dabei war, betrachtete ich den kleinen Zeisig ebenfalls.

Als ich wieder herunterkam, sah ich meine Frau winken: „Schau, der Grünfink ist weggeflogen, doch dort sitzt das putzige Vögelchen wieder, auf dem Säckchen mit Samen."

Ich hatte „Was fliegt denn da?" noch in meiner Hand, den Daumen auf der Seite mit dem Zeisig. Stimmte es? Ein schneller Vergleich mit dem Buch und tatsächlich, da draußen sah ich zum ersten Mal mit meinen über achtzig Jahren einen Zeisig.

Sollte diese Art winzigkleiner Zufälligkeiten nun der Mühe wert sein?

Na und ob. In der geheimnisvollen Welt des Zufalls gibt es kein Groß oder Klein.

Im Jahr 1985 geschah etwas Besonderes. Ich fand in einer Zeitschrift Hochglanzfotos von Einhörnern. Ein prächtiger weißer Hengst in einer schönen Umgebung, mit einem spitzen Horn auf dem Kopf, der imponierend angaloppiert kam. Zwei Einhörner in einer blühenden Weidelandschaft. Ein schwimmendes Einhorn. Ich schnitt sie aus und klebte sie in mein Tagebuch, denn sie hatten mein Herz erobert.

Die einzigen Male, dass mir bis dahin in meinem (damals 60-jährigen) Dasein ein Einhorn begegnet war, waren mein Kollege Kees Eenhoorn (Einhorn), Hausarzt in Bloemendaal, und die Einhörner in der herrlichen Ausstellung „Gobelins – La Dame à la Licorne“ („Gobelins – Die Dame mit dem Einhorn“)!

Das Jahr schritt voran, und ich dachte nicht mehr an Einhörner, sie jedoch sehr wohl noch an mich, denn im November brachte mein jüngster Sohn eine allerliebste kleine Freundin mit nach Hause, die mein Herz höher schlagen ließ. Sie hieß Pauline Eenhoorn, eine kleine Nichte von Kees.

Am Ende des Jahres las ich mein Tagebuch nochmals durch, in dem ganz zentral und auffällig die schönen Einhörner steckten. Es fiel mir auf, mit welcher Wucht der Zufall eingegriffen hatte, und das war nicht von ungefähr. Zum Glück wurde sie meine Schwiegertochter. Da sehen wir einen neuen Aspekt des Zufalls: Das Prophetische.

Ein weiteres Beispiel in Bezug auf Tiere war Folgendes:

Es gibt eine Erkrankung, die viel zu selten entdeckt wird, nämlich eine leichte, aber folgenschwere Unterfunktion der Schilddrüse. Barnes schrieb darüber sein hervorragendes Buch „Hypothyroidism, the Unexpected Illness“ („Schilddrüsen-Unterfunktion – Eine Krankheit, die man nicht erwartet“). Meist macht man einen Labortest, um sie zu erforschen, aber durch Barnes Buch lernte ich, dass dieser Test in den leichten Fällen auch schon einmal danebenging.

Die Methode, um diese Fälle zu erfassen, besteht darin, die Patientin (es handelt sich meist um Frauen) eine Woche lang vor dem Aufstehen die Körpertemperatur unter der Achsel messen zu lassen. Diese muss 36,6 Grad betragen. Liegt sie im Durchschnitt niedriger, beispielsweise bei 36,3 Grad oder noch niedriger, dann hat man es trotz des negativen Tests dennoch in vielen

Fällen mit einer eingeschränkten Schilddrüsenfunktion zu tun und muss Medikamente geben.

Die Beschwerden der Patienten können variieren: Müdigkeit, trockenes Haar, Ausfallen der Augenbrauenränder oder Verstopfung. Doch eines ist beinahe immer vorhanden: Ein Kältegefühl.

1991 riet ich einer meiner Patientinnen, ihre Morgentemperatur eine Woche lang zu notieren und am 12. Mai mit dem Ergebnis wieder zu mir zu kommen. Der 12. Mai brach an, und ich begann meine Sprechstunde.

Nachdem die Patientin vor ihr weniger Zeit in Anspruch genommen hatte, als vorgesehen war, musste ich fünf Minuten auf sie warten und schlug ein Buch auf, das ich gerade las: Martijn van Tijns Buch über den Auszug aus Ägypten mit dem Titel „Midrasjim I". Ich war gerade bei der großen Froschplage in Ägypten und erinnerte mich an einen Sommerurlaub mit der Familie in Terschelling, als wir den Exodus nachgespielt hatten, unter anderem mit einem 'Fröschetag'. Überall im Häuschen lagen aus grünem Papier ausgeschnittene Frösche versteckt. Noch lächelnd über diese Erinnerung, klappte ich das Buch zu und ließ die nächste Patientin aufrufen, diejenige mit der Temperaturliste. Ich sah, dass meine Assistentin eine Karte an ihre Karteikarte angeheftet hatte. Offensichtlich hatte sie mir als Vorbereitung auf die Beratung das Ergebnis bereits mitgeliefert. Auf die Karte hatte sie einen großen grünen Frosch gezeichnet und dazu geschrieben: „Dies ist die Temperaturliste von Frau T. – ein kalter Frosch. Und das, wo ich doch nichts für Frösche übrig habe. Herzliche Grüße." Wieder eine eingeschränkt funktionierende Schilddrüse aufgespürt!

Ist die folgende kleine Geschichte Zufall? Urteilen Sie selbst.

Bei uns um die Ecke wohnte eine alte, klapprige Dame. Sie hatte Schwierigkeiten beim Gehen, und wenn sie über den Platz schlich, setzte sie zunächst ein Bein nach vorn und zog dann das andere Bein immer an das erste heran. Sie war eine dicke, bleiche Frau.

Sie wurde immer von einem kleinen, dicken, fahlweißen Hündchen, einer Promenadenmischung, begleitet, und das Merkwürdige an diesem Tierchen war, dass es auf drei Pfoten lief, während die vierte, die rechte Hinterpfote, knapp über der Straße vage Bewegungen machte. So strampelten sie zusammen vorwärts, zwei von der gleichen Rasse.

Dies erinnerte mich an einen der bekannten Zeichner aus der ersten Hälfte des 20. Jahrhunderts, Jo Spier, der unter anderem die „Camera Obscura" („Versteckte Kamera") so herrlich illustriert hat.

Eines schönen Tages hatte er am Samstagmorgen im Morgenblatt eine ganze Seite voll mit Hunden gezeichnet, die gerade mit ihren Herrchen spazierengingen. Darunter stand: „Haben Sie das auch bemerkt?" Alle Hunde glichen ihren Herrchen aufs Haar, oder die Herrchen den Hunden.

Man sah Bulldoggen, Windhunde, Terrier, Spaniel – es war unglaublich. Wir Menschen sind die Götter der Tiere. Vielleicht richtet sich der Hund, der treue Freund des Menschen, in seinem Aussehen nach dem Herrchen, oder wählt das Herrchen beim Vierbeiner unbewusst Seinesgleichen aus? Ist das Zufall?

Und nun noch zum Abschluss das Tüpfelchen auf dem „i":

Eines Tages stattete mir eine dreißigjährige Frau einen Besuch ab, die ich schon als Kind in der Hauspraxis gehabt hatte, die jetzt jedoch in Amsterdam wohnte. Sie wollte ihren Körper in den optimalen Zustand bringen, weil sie kurz vor einer künstlichen Befruchtung stand. Die Wartelisten in Amsterdam waren lang, folglich hatte sie einen Termin in Leuven vereinbart.

Also ging sie nach den nötigen hormonellen Vorbereitungen nach Leuven. Ein Ei von ihr wurde mit dem Samen ihres Mannes befruchtet und wieder eingepflanzt, und der Arzt sagte: „Ich rate Ihnen zu Ruhe und dazu, die heutige Nacht hier in einem Hotel zu verbringen."

Es war, als würde er eine Warnung auf eine Flasche kleben: „Bitte nicht schütteln!"

Meine Patientin hatte aber einen gut gefederten, gemütlichen Wagen und sagte: Mein Mann fährt mich langsam nach Hause." Und so zogen sie also davon, durch Belgien und den Süden der Niederlande. Kurz vor dem „Moerdijk" rief sie aus: „Schau einmal, dort!" Da, direkt über dem Auto, flog ein herrlicher Storch, der nach dem Autodach zu tauchen schien, bevor er majestätisch seine Bahn weiterzog. „Es ist geglückt!", sagte sie mit großer Bestimmtheit zu ihrem Mann.

Storch

In der Tat wurde neun Monate später eine prächtige Tochter geboren, die, als sie heranwuchs, zu einer sehr entschlossenen jungen Dame wurde und die ganze Familie, Oma inklusive, mit freundlicher, doch fester Hand dirigierte.

Heute lernen die Kinder ganz früh die Tatsachen des Lebens kennen, doch tief im Unterbewusstsein der Menschen lebt der Storch weiter als der, der die Kinder bringt.

Diese Geschichte beweist, dass es damit mehr auf sich hat, als man auf den ersten Blick glauben möchte.

5

Wollen wir Chinesisch essen gehen?

Zunächst eine Einleitung, bevor ich zum eigentlichen Thema komme.

In dem Abschnitt über Astrologie haben wir uns gefragt, ob es reiner Zufall ist, dass die Sterne bei der Geburt in einer bestimmten Konstellation am Himmel stehen oder nicht. Manche zögern nicht und sagen: „Natürlich. Der Stand der Sterne und deine Geburt fallen zufällig zusammen und haben nichts miteinander zu tun." Vor allem Astronomen denken so.

Andere wiederum glauben mehr an die Einheit all dessen, was ist, und sagen, dass jeder Moment wie ein Moment der Aussaat ist, und dass man beispielsweise aus dem Stand der Sterne dieses Augenblicks viel über den Charakter des Neugeborenen sagen kann.

Es muss nicht nur das Horoskop sein, das Hinweise liefert. Sehr naturverbunden lebende Völker haben noch ein viel stärkeres Verbundenheitsgefühl mit allem, was lebt, als der moderne Stadtbewohner. Die Indianer beispielsweise achten sehr darauf, was während einer Geburt vor sich geht, und geben ihren Kindern dann auch so exotische Namen wie „Stampfender Büffel" oder „Fliegender Adler", weil diese Phänomene sich beim ersten Schrei des neugeborenen Kindes zeigten. Sie sind der Meinung, dass der Charakter des Neugeborenen damit in Zusammenhang steht.

Das Merkwürdige ist, dass etwas von diesem Gefühl auch beim modernen Menschen hängen geblieben ist. Ich erinnere mich noch daran, als in den Dreißiger Jahren das große Melbourne-Rennen stattgefunden hat, bei dem Flugzeuge einen Wettflug von London nach Melbourne antraten. Es gab zwei Kategorien, nämlich diejenigen, die versuchten, der Schnellste zu sein. Diese Kategorie wurde von einem britischen Flugzeug gewonnen. Außerdem gab es einen „Hindernislauf" für Verkehrsflugzeuge, bei dem bestimmte Zwischenlandungen Pflicht waren. Dieses gewann das KLM-Flugzeug von Uiver. Unser gesamtes Land saß atemlos, wie gebannt vor dem Radio (TV gab es damals noch nicht). Ein Ehepaar war so begeistert, dass es nach dem siegreichen Rennen sein frisch gebackenes Töchterchen „Uivertje" nannte.

Ich habe mich manchmal gefragt, was aus diesem Kind geworden ist. Eine Stewardess vielleicht? Für einen Indianer wäre das selbstverständlich.

Wir haben es bei dieser Ableitung aus den Lebensumständen nicht mit einer 'richtigen' Wissenschaft zu tun, wie sie gegenwärtig beinahe ausschließlich gepflegt wird. „Linear" nennt man das, entlang einer geraden Linie von A nach B denken, bis man letztendlich bei Z ankommt.

Die Astrologie und die indianische (oder die aus Melbourne stammende) Namensgebung kommt aus einer anderen Ecke, die durchaus ebenfalls eine Daseinsberechtigung hat, und die man mittlerweise ganz vorsichtig wieder zu entdecken beginnt – unter der Bezeichnung „nicht-linear". Ich komme gleich noch einmal darauf zurück.

Auch wenn es nichts gegen eine strenge Wissenschaft einzuwenden gibt, ist die Dominanz des Modells aus dem 19. Jahrhundert, das heute noch existiert, zu einseitig. Alles beruht auf wiederholbaren Experimenten, Protokollen, Statistiken, Doppelblindversuchen usw. Dies führt zu einem Tunnelblick, denn man kann damit zwar sehr wohl einen Mann zum Mond schicken, aber Phänomene wie den Zufall, Wunder, Visionen oder Spontanheilungen – das ganze Gebiet des Wunderbaren – fallen damit unter den Tisch.

Ich möchte einige Gesetze nennen, mit welchen wir es zu tun haben:

Die physikalischen Gesetze, die von der heutigen Wissenschaft studiert werden, beispielsweise das Gesetz der Schwerkraft, entdeckt von Newton und jedem Kind, wenn es das erste Mal hinfällt.

Oder der Energieerhaltungssatz, der besagt, dass in einem geschlossenen System die Gesamtsumme der Energie gleich bleibt. Jeder, der im Winter zu Hause seinen Ofen anheizt, hat damit zu tun.

Geistige Gesetze. Diese betreffen die Seele. Der Mensch kann sie nicht mit Hilfe von Experimenten finden. Sie müssen uns offenbart werden. Die Zehn Gebote sind ein schönes Beispiel dafür. Übertreten wir diese Gesetze, so schädigt das unsere unsterbliche Seele, auch wenn man von außen keine Veränderung sieht. Es ist sogar so, dass das Übertreten dieser Gesetze anscheinend vordergründig einen Vorteil mit sich bringt. Sogar Hiob beklagte sich darüber: „Der Verstörer Hütten haben die Fülle, und Ruhe haben, die wider Gott toben, die ihren Gott in der Faust führen.“ (Hiob 12, 6)

Andererseits bringt es keinen deutlichen Vorteil in dieser Welt mit sich, wenn man sich an die geistigen Gesetze hält. Lesen Sie beispielsweise das Büchlein von Harold S. Kushner: „Wie das Böse gute Menschen trifft.“ Mit anderen Worten, ob man geistige Gesetze befolgt, ist abhängig davon, ob man daran glaubt. Dann merkt man auch, dass sie ihre eigene wohltuende Wirkung haben, die sich im Verborgenen in der Seele abspielt. Diejenigen freilich, die meinen, dass diese Gesetze unsichtbar sind und folglich nicht existieren oder abgeschafft werden können, wie die großen Diktaturen aus dem 20. Jahrhundert es taten und wie die große barbarische Kultur es tut, die wir gerade aufbauen, werden letztendlich die Betrogenen sein, denn der Mensch ist in erster Linie ein geistiges Wesen.

Die nicht-linearen Gesetze stehen eigentlich zwischen der materiellen und der geistigen Welt. Sie stehen in Zusammenhang mit der wundersamen neuen Lehre der Quantenphysik, bei der ein subatomares Teilchen sowohl ein Teilchen als auch eine Welle sein, die Zeit rückwärts laufen und die Folge vor der Ursache ihren Anfang nehmen kann. Hier befinden wir uns dann im nicht-linearen, nicht streng logischen Bereich.

Man hat beispielsweise herausgefunden, dass ein Stoff, der sich aus Plastik löst, eine ähnliche Wirkung hat wie weibliche Hormone. Hiermit hat unter anderem die weltweit bei Mensch und Tier auftretende männliche Unfruchtbarkeit zu tun. Doch – und das ist eine neue Erkenntnis – diese Stoffe sind nicht immer giftig. Sie verüben ihr übles Werk vor allem in einer kurzen Phase während der Schwangerschaft. Das nennt man ein „Gelegenheitsfenster". Ganz kurz öffnet sich bei der ungeborenen Frucht ein Fenster und lässt den Feind ein.

Professor Schatz, der Entdecker von „Streptomycin", einem Antibiotikum gegen Tuberkulose, hat ein weiteres schönes Beispiel für Nicht-Linearität gefunden. Er entdeckte, dass bestimmte Gifte, die *über* einer bestimmten Konzentration liegen, einfach linear wirken: Je mehr Gift, desto kränker. *Unter* dieser Konzentration geschieht etwas Unerwartetes, denn dann hat das Gift zunächst keine Wirkung. Wird es jedoch noch weiter verdünnt, dann entsteht plötzlich wieder ein gefährlicher 'Gipfel'. Auf diese Weise entsteht eine nahezu wellenförmige Kurve mit gefährlichen 'Gipfeln' und ungefährlichen 'Talsohlen'. Schatz verabreicht beispielsweise Fluorid, das über einer bestimmten Konzentration normalerweise giftig wirkt. Fluorid ist ungefähr ebenso giftig wie Arsen, und ab einer Menge von 3 ppm ('parts per million' Partikel pro eine Million) gilt: Je mehr, desto giftiger. Unter dieser Grenze wirkt das Gift nicht linear. Das Merkwürdige ist, dass die ppm-Konzentration, die zur Trinkwasserfluoridierung eingesetzt wird (etwa in englischsprachigen Ländern, wo diese Verrücktheit noch gängige Praxis ist), so eine gefährliche Spitze aufweist.

Dies erklärt unter anderem die um zehn Prozent höhere Zahl an Krebstoten in Gebieten mit Fluoridierung. So war es möglich, dass Tiere, die etwas höher fluoridiert wurden, diese zusätzlichen Krebstodesfälle nicht aufwiesen. Dadurch konnte man die 10%-Steigerung der Krebstoten aufgrund der Fluoridierung erkennen.

In Deutschland bewies L. Kolisko diese welligen Kurven, indem er eine große Vielfalt an Metallsalzen in gleichmäßig gesteigerten Verdünnungen (von 1 : 10 bis 1 : 10^{60}) keimenden Gladiolensamen zusetzte. Er fand rhythmische Verzögerungen und Beschleunigungen des Blütezeitpunktes bei den Gladiolen, die in der entsprechenden Lösung aufwuchsen. Meiner Ansicht nach ist das Phänomen „Zufall“ ganz eng mit dieser dritten Art von Gesetzmäßigkeiten verwandt. Manchmal tritt er plötzlich auf, wenn die Umstände günstig sind. Zufall kann sogar ganz geballt auftreten. Manchmal bleibt dieses Phänomen aber auch hartnäckig aus. Zufälle treten am liebsten spontan auf, und niemals zweimal in identischer Weise. Sie gehören einfach zum Leben. An einem Baum gleicht auch kein Blatt dem anderen.

Ich danke Ihnen, liebe Leserinnen und Leser, dass Sie sich durch diese Einleitung hindurchgeplagt haben. Doch nur, wenn ich den Hintergrund der wunderbaren Welt der Nicht-Linearität erkläre, kann ich das eigentliche Thema besser darlegen – das I Ging.

Wenn ein Volk auf der Welt die Gesetze des Zufalls gut studiert hat, dann sind dies wohl die Chinesen. Das alte Orakelbuch „I Ging“ oder das „Buch der Wandlungen“ ist eine wahre Goldmine für jeden, der mehr über die mysteriöse Welt des Zufalls wissen möchte. Es ist ein Quell der Inspiration für viele chinesische Denker während der letzten dreitausend Jahre gewesen.

Konfuzius, der große chinesische Gesetzgeber (geb. 551 v. Chr.), hat dieses Buch ein Leben lang intensiv studiert und am Ende seines Lebens versichert, dass er noch gut fünfzig weitere Jahre damit verbringen könnte.

Noch mehr als die Astrologie hat das I Ging die Möglichkeit gesehen, dem Zufall Äußerungen zu entlocken. Für diejenigen, die noch nie etwas davon gehört haben, im Folgenden eine kleine Erklärung:

Stellen Sie sich vor, Sie seien ein Chinese und würden ein Problem wälzen. Sie sollen sich beispielsweise zwischen einem Jura- und einem Ingenieur-Studium entscheiden.

Ihre erste Wahl würde dann wahrscheinlich kein psychologisches Institut sein, wo Sie sich auf die richtige Berufswahl hin testen lassen können, sondern ein I Ging-Experte. Dieser Mann folgt nicht den gebräuchlichen westlichen Methoden, indem er Sie allerlei schlauen Tests unterwirft, sondern nimmt Schafgarbenstängel oder Münzen in die Hand, lässt den Zufall darauf einwirken und notiert, was er sieht.

Stellen Sie sich vor, er arbeitet mit Münzen. Er wirft drei Münzen auf den Tisch. Kopf hat den Zahlenwert 3, Zahl hat den Wert 2. Er sieht dann vier Möglichkeiten:

Kopf – Kopf – Kopf: 3 + 3 + 3 = 9
Kopf – Kopf – Zahl: 3 + 3 + 2 = 8
Kopf – Zahl – Zahl: 3 + 2 + 2 = 7
Zahl – Zahl – Zahl: 2 + 2 + 2 = 6

Der I Ging-Experte wirft sechsmal und baut damit ein sogenanntes Hexagramm auf, wobei die ungeraden Zahlen durchgängige Linien darstellen und die geraden Zahlen gebrochene Linien.

Er baut es von unten nach oben auf. Nehmen wir an, er hätte folgende Zahlen geworfen: 8 7 7 6 9 8: Dann sieht das Hexagramm wie folgt aus:

[Die Illustration stimmt beim Hexagramm „Der Brunnen", nicht jedoch mit den genannten Zahlen! > 8 7 7 6 9 8 müsste besser passen.]

Es gibt vierundsechzig Möglichkeiten. Jede dieser Möglichkeiten trägt einen eigenen Namen, wie etwa: „Friede", „Der Tiegel", „Das Abgründige", „Die Unschuld", „Das Heitere", usw. Die Worte werden als sogenanntes „Urteil" ausgelegt.

So lautet das Urteil von Hexagramm 48: „Der Brunnen. Man mag die Stadt wechseln, aber man kann nicht den Brunnen wechseln. Er nimmt nicht ab und nimmt nicht zu. Sie kommen und gehen und schöpfen aus dem Brunnen.

Wenn man das Brunnenwasser beinahe erreicht hat, das Seil jedoch nicht lang genug ist oder man seinen Krug zerbricht, so bringt das Unheil. Das bedeutet: Die politische Struktur wechselt, aber das Leben der Menschen mit seinen Erfordernissen bleibt ewig dasselbe."

Es gibt auch „Das Bild". Es ist nicht gezeichnet, wird aber beschrieben. Für den Brunnen: „Über dem Holz ist Wasser: Das Bild des Brunnens. So ermuntert der Edle das Volk bei der Arbeit und ermahnt es, einander zu helfen."

(Die untersten drei Linien sind nämlich das Symbol für das Holz, die oberen drei für das Wasser).

Es ist alles sehr chinesisch, doch es scheint zu meistern zu sein, wenn man die vierundsechzig Hexagramme erst einmal kennt. Falsch gedacht! Die 6 und die 9 sind nämlich „bewegliche Linien“, die unterbrochene Linie verwandelt sich in eine ganze Linie und umgekehrt.

So entsteht ein neues Hexagramm, und man kann sehen, in welche Richtung eine Situation sich bewegt. Dies erhöht die Anzahl der Deutungen signifikant, und das ist nur der Anfang. Die Linien 6 und 9 erhalten nämlich, wenn sie in einem Hexagramm vorkommen, eine besondere Bedeutung. So bedeutet eine 6 als erste Linie beim Brunnen: „Der Schlamm des Brunnens wird nicht getrunken. Zu einem alten Brunnen kommen keine Tiere.“

Die Bedeutung dieser Aussage ist: „Wenn sich jemand in den sumpfigen Niederungen umhertreibt, so versinkt sein Leben im Schlamm. Ein solcher Mensch verliert seine Bedeutung für die Menschheit. Wer sich selbst wegwirft, zu dem kommen auch die anderen nicht mehr. Niemand kümmert sich schließlich mehr um ihn.“

Die Anzahl der Möglichkeiten explodiert mit dieser Erweiterung.

Es wäre ein völliger Irrtum zu meinen, dass das I Ging nur ein Buch ist, um die Zukunft vorauszusagen, etwa so, als wenn ein Zigeuner in eine Kristallkugel starrt.

Es ist eines der großen Weisheitsbücher der Antike und hat an der uralten Kulturbildung mitgewirkt. Es erinnert hier und dort an das Buch der Sprüche in der Bibel und an das Buch der Apokryphen „Die Weisheit Jesu, des Sohnes von Sirach“ (Ekklesiastikus).

Die Ratschläge in diesen beiden Büchern gleichen stark denjenigen im I Ging, mit einem wichtigen Unterschied.

Achten Sie auf die Übereinstimmungen:

Sprüche 13,3:

„Wer seinen Mund bewahrt, der bewahrt sein Leben; wer aber mit seinem Maul herausfährt, der kommt in Schrecken."

Hexagramm 27 (Die Ernährung), Bild:

„Unten am Berg ist der Donner: das Bild der Ernährung. So hat der Acht auf seine Worte und ist mäßig im Essen und Trinken."

Jakobus 3, 2:

„Wer aber auch in keinem Wort fehlt, der ist ein vollkommener Mann und kann auch den ganzen Leib im Zaum halten."

Nun der Unterschied: Jemand, der die *Sprüche* oder *Jakobus* liest, mag vielleicht denken: „Das stimmt für mich nicht" oder: „Das trifft meine Situation im Augenblick ein wenig."

Jemand, der das I Ging befragt, hört: „Das ist im Augenblick dein Zustand."

Das I Ging lässt das zufällige Werfen von Münzen oder Stäbchen für sich wirken, taucht damit in die höhere Dimension des Zufalls ein, dort, wo alles mit allem verbunden ist, und erklärt dem Menschen: „Tu' dies", und vor allem „Lass' das".

Woher das Wissen des I Ging kommt, ist mir nicht klar. Wie weiß dieses Buch, dass zu den 64 Hexagrammen *diese* Texte gehören? Wir Wissenschaftler müssen dann wohl annehmen, dass man dies mühsam mit endlosen Versuchen herausgefunden hat, doch ich glaube das nicht. Der Schöpfer dieser Welt hat kein Volk ohne Führung sitzen lassen. Ich glaube, dass jemand vor Tausenden von Jahren dieses Buch geträumt hat.

Ich vermute, dass fundamentalistische Christen dieses Buch, ebenso wie die Astrologie, als das Werk des Satans betrachteten. Sie vertrauen darauf, dass sie, wenn sie wirklich mit Gott verbunden sind, im Gebet die Führung finden, die sie benötigen. Weder die Astrologie noch das I Ging ist etwas für sie. Der Großteil der Weltbevölkerung jedoch sind keine Christen. Es gibt allein rund eine Milliarde Chinesen. Ist es dann nicht ein wenig hochmütig, ein Buch, das Millionen von Menschen seit mehr als zweitausend Jahren als Halt, Trost, Führung und zur Veredelung des Charakters gedient hat, als „Teufelswerk“ abzulehnen? Das Buch enthält eine Fülle von praktischen Ratschlägen und zielt durchgehend auf die Ausbildung des Charakters ab. Unsere Kultur, die durch und durch verwöhnt und in der alles erlaubt ist, kann sich daran noch ein Beispiel nehmen.

Betrachten Sie einmal den gesunden Menschenverstand laut Hexagramm 44. Wenn die erste Linie eine 6 ist, dann steht da unter anderem: „Auch ein mageres Schwein hat die Anlage dazu, umherzutoben.“

Kommentar: „Solange ein Schwein noch jung und mager ist, kann es noch nicht viel umhertollen, aber wenn es sich erst satt und stark gefressen hat, kommt seine wahre Natur zur Geltung, wenn man es nicht vorher schon beschränkt hat.“

Setzen Sie für „Schwein“ jemanden ein, der seinen Lüsten freien Lauf lässt, und Sie erfassen, was gemeint ist.

Hier noch ein Spruch für diejenigen, die dies alles nur als gefährliche Hexerei betrachten:

Hexagramm 59: Die Auflösung
Das Bild:

„Der Wind fährt über das Wasser: das Bild der Auflösung.
So opferten die alten Könige dem Herrn und bauten Tempel.“

Das klingt nach Monotheismus. Sagte Jesus nicht: „Der Wind weht, wohin er will. Ihr hört sein Rauschen, doch ihr wisst nicht, wohin er geht. So ist jeder, der aus dem Geist geboren ist.“

Es ist nicht exakt dasselbe, aber erinnert es nicht an das, was der Kommentar sagt, direkt zu den oben zitierten Zeilen, die das Bild beschreiben:

„Durch Härte und Selbstsucht erstarrt das Herz, und in dieser Erstarrung trennt es sich von allem anderen. Egoismus und Selbstsucht isolieren die Menschen. Darum muss eine fromme Rührung das Menschenherz ergreifen. Es muss gelöst werden in heiligen Schauern der Ewigkeit, die es erschüttern durch die Ahnung des gemeinsamen Schöpfers aller Wesen und einigen durch die Macht der Gemeinschaftsgefühle bei der heiligen Feier der Anbetung des Göttlichen."

Die alten Chinesen machten folglich von einem Prinzip Gebrauch, das C.G. Jung später als „Synchronizität" bezeichnen sollte: Das zeitliche Zusammenfallen verschiedener, scheinbar nicht miteinander verwandter Dinge, die eine neue, überraschende Synthese bilden. Es ist denn auch nicht verwunderlich, dass, als Richard Wilhelm damals das I Ging erstmals in einer westlichen Sprache erklärte, Jung das Vorwort dazu schrieb.

Es folgt nun ein praktisches Beispiel für die Arbeit mit dem I Ging.

Vor vielen Jahren kam ein 16-jähriges Mädchen zu mir in die Sprechstunde. Sie war immer ein solides, normales sportliches Mädchen gewesen, doch nun hatte sie plötzlich eine Angst entwickelt, die sie nicht bewältigen konnte. Wenn ich damals bereits die Bachblüten gekannt hätte, so hätte ich ihr „Aspen" („Zitterpappel") gegen sehr vage Ängste gegeben. Dann wären diese womöglich verschwunden. Doch zu ihrem Glück kannte ich diese – übrigens hervorragenden – Mittel damals noch nicht. Sie erzählte mir ihre Geschichte während einer ganz geschäftigen Sprechstunde. Folglich bat ich sie, an einem Samstagnachmittag wiederzukommen, wenn ich mehr Zeit für sie aufbringen konnte. Außerdem forderte ich sie auf, darüber nachzudenken, ob in den letzten Monaten etwas geschehen sei, das merkwürdig oder anders als normal gewesen war.

Als sie an jenem Samstag wiederkam, hatte sie in der Tat etwas Interessantes zu berichten. Sie hatte in ihrem Gedächtnis eine Lücke entdeckt, die sechs Wochen zurücklag. Sie erinnerte sich, dass sie auf ihr Fahrrad gestiegen war, um in den Cello-Unterricht zu fahren. Das Nächste, woran sie sich erinnerte, war, dass sie Stunden später mit einer Freundin bei sich zu Hause telefonierte – dazwischen existierte nichts.

Es war an sich schon interessant, dass sie sich an diese Lücke überhaupt erinnerte. Das bewies, dass in ihrer Seele um diesen Zeitpunkt herum etwas unterdrückt wurde. Wir unterhielten uns eine Weile, doch die Gedächtnislücke blieb. Folglich bat ich sie, sich auf die Behandlungsliege zu legen und versetzte sie in Hypnose, nachdem ich zuvor von ihr den genauen Tag und den Zeitraum ihres Gedächtnisverlustes erfahren hatte.

Während der Hypnose begannen wir bei dem Punkt, als sie aufs Fahrrad stieg, um in den Cello-Unterricht zu fahren. Diesmal löste sich der Gedächtnisnebel auf, und sie erreichte das Haus des Cello-Lehrers, der ein alter Freund der Familie war. Er öffnete selbst und sagte, dass seine Frau in der Stadt sei. Er erzählte ihr, dass er ein schönes neues Cello gekauft hätte, und nahm sie mit nach oben, um ihr das Instrument zu zeigen. Doch oben angekommen, kam ein ganz anderes 'Instrument' zum Vorschein, und er versuchte, sie zu vergewaltigen. Sie schlug jedoch tapfer zurück und konnte aus dem Haus entkommen.

Der Schock jedoch, dass dieser Mann, den sie schon ihr ganzes Leben lang kannte und der immer ein lieber, „angelachter Onkel" gewesen war, ihr dies antat, war so groß, dass der ganze Vorfall aus ihrem Gedächtnis gelöscht wurde.

In diesem Moment wurde ich mit einer schweren moralischen Entscheidung konfrontiert.

Sollte ich die Geschichte im Verborgenen lassen oder sollte

ich die Erinnerung nach der Hypnose herbeiführen? Was würde der Schock mit ihr tun, wenn sie erfuhr, was geschehen war? Andererseits – was würde später geschehen, wenn dieser Vorfall in der Tiefe liegen bliebe wie eine tickende Zeitbombe? Sollte ich ihr beruhigende Gegensuggestionen geben oder die Angelegenheit aufdecken? Hypnose kann wie eine Operation sein und darf niemals auf die leichte Schulter genommen werden. Ich beschloss – angesichts ihrer robusten Natur – es zu wagen. Ich übermittelte ihr, dass sie beim Aufwachen noch alles wissen würde.

Dann holte ich sie aus der Hypnose. Zunächst schaute sie mich etwas verstört an, doch plötzlich sah ich, wie die Erinnerung an den verlorengegangenen Zeitraum wie eine Flutwelle in sie zurückkehrte. Mit einem Schock richtete sie sich kerzengerade auf, ihre Augen glühten feurig, und sie rief: „Dieser Schuft!" Das klang hoffnungsvoll. Sie war enorm erleichtert, und die unerklärliche Angst fiel noch im gleichen Moment von ihr ab.

Doch das war noch nicht das Ende der Geschichte. Sie ging nach Hause und erzählte ihrer Mutter den Vorfall. Nun war diese Mutter eine sehr resolute, sehr handfeste Dame – von einer durch und durch ur-holländischen Sturheit und Nüchternheit. Außerdem war sie mit dem örtlichen Polizeikommissar befreundet. Sie rief den Mann sofort an und reichte eine Anzeige ein. Die Polizei machte bei dem Cello-Lehrer, der das falsche Instrument gespielt hatte, einen Hausbesuch und fand dort ein kleines schwarzes Büchlein voller Namen junger Mädchen.

Die Polizei besuchte mich und zeigte mir das Büchlein. Sie fragte mich, ob ich einen der Namen wiedererkannte. Zu meinem Schrecken sah ich dort den Namen eines lieben 16-jährigen Mädchens aus meiner Praxis stehen, die ich an dieser Stelle „Kittie" nennen möchte. Ich hatte Kittie immer gemocht, seit sie als kleines Kind in der Praxis gesessen war. Ein etwas schüchternes Kind, das mir stets sein Schulzeugnis gezeigt hatte. Rückblickend auf dieses einzigartige, merkwürdige Verhalten – kein Kind aus der Hausarzt-Praxis hatte dies jemals getan – begriff ich, dass es ein Notruf gewesen war, den ich nicht aufgefangen hatte.

Ich besuchte sie zu Hause und stellte zu meinem Entsetzen fest, dass der Cello-Lehrer sie schon seit dem zwölften Lebensjahr missbraucht hatte. Kittie hatte im Gegensatz zum dem ersten Mädchen einen gewaltigen Schaden davongetragen.

So kam es zu einem Prozess gegen diesen Blaubart. Die beiden Mädchen waren die Hauptzeuginnen, und der Mann verschwand für symbolische neun Monate hinter Gittern.

Dann jedoch geschah etwas für mich völlig Unerwartetes. Meine einzige Entschuldigung ist, dass ich gerade erst um die dreißig Jahre alt war und noch nicht viel vom Leben wusste. Kittie wurde depressiv. Ich bekam sie in die Sprechstunde und stellte fest, dass sie sich schuldig fühlte, dass sie dafür gesorgt hatte, dass dieser Mann, den sie – so wie das vorige Mädchen auch – von klein an kannte, eine Gefängnisstrafe bekommen hatte. Ihre Aussage hatte nämlich bei der Verurteilung den Ausschlag gegeben. Sie war froh, von ihm befreit zu sein, doch die Schuld lastete auf ihr. Man nennt dies „Identifikation mit dem Täter". Wir kennen dieses Phänomen beispielsweise bei langen Geiselnahmen und auch in Konzentrationslagern. Der Peiniger wird als Retter betrachtet.

Ich sprach als Vermittler, prallte jedoch gegen eine Mauer. Auf einmal sagte ich: „Hör' zu, alles, was geschehen ist, ist Teil eines größeren Ganzen. Du hast ihn nicht ins Gefängnis gebracht. Dieses Gefängnis war längst Teil eines gigantischen Musters, das sich entfaltet hat. Du hast nur eine kleine Rolle gespielt."

„Das glaube ich überhaupt nicht", sagte sie.

„Glaubst du denn nicht, dass alles in einem großen Ganzen vereint ist?"

„Überhaupt nicht. Warum sollte das so sein?"

„Nun, die Chinesen wären mit dir nicht einverstanden. Sie

würden sagen, dass alles – du und ich und der Cello-Lehrer im Gefängnis und der Prozess – zusammengehört. Sie würden das mit einer Befragung des I Ging beweisen."

„Was ist das?"

„Schau', ich werde es dir zeigen!" Ich nahm das Buch und das Säckchen mit den fünfzig Schafgarbenstängeln, das dazu mitgeliefert worden war, aus dem Regal und zeigte ihr, wie ich damit ein Hexagramm aufbaute. Es war Nr. 29. „Das Abgründige", mit einer 6 an der sechsten Stelle.

Das Urteil sagt unter anderem: „Durch die Wiederholung der Gefahr gewöhnt man sich daran." Dieses Mädchen war in eine Art Routine-Vergewaltigung geraten, so dass dies beinahe zur Normalität geworden war.

Der große Schock kam für sie erst so richtig, als ich den Kommentar zur obersten Zeile vorlas.

„Ganz oben eine 6 bedeutet: „Mit Stricken und Tauen gebunden, eingeschlossen zwischen dornumhegten Kerkermauern. Drei Jahre findet man sich nicht zurecht. Unheil!"

Kommentar: „Ein Mensch, der in der äußersten Gefahr den rechten Weg verloren hat und unverbesserlich in seine Sünden verstrickt ist, hat keine Aussicht, aus der Gefahr herauszukommen. Er gleicht einem Verbrecher, der gefesselt hinter dornumhegten Kerkermauern sitzt."

„Wusstest du das vorher schon?", fragte sie ein wenig misstrauisch.

„Nein, es kommt für mich völlig überraschend."

Es war für sie, die doch versuchte, so vernunftorientiert zu sein, eine tief schockierende Erfahrung. Ihr Weltbild geriet ins Wanken. Auf einmal erhaschte sie einen Blick auf ein universelles Muster, in dem sie selbst nur ein kleines Rädchen war. Es half ihr zu verstehen, dass sie eine Rolle in einem großen Drama hatte spielen müssen, in dem sie nicht der Regisseur war.

Wir müssen die I Ging-Bilder in unsere heutige Zeit übersetzen. Keine Fesseln und Dornenhecken und Kerker, sondern TV und Tischtennis für die Häftlinge in unserer Zeit …

Kittie musste einen langen Weg gehen, doch sie wurde von ihrem Leiden geheilt. Sie verließ diese Gegend, wurde Tropenärztin, und sogar eine besonders gute, ist mit einem Geologen glücklich verheiratet und hat schöne, begabte Kinder bekommen. Es war das einzige Mal in meinem Leben, dass ich wirklich selbst ein I Ging geworfen habe, denn dies ist kein Weg für mich – ich hatte wohl das Anfängerglück.

Es war einer jener Momente im Leben, in dem mir bewusst wurde, wie außerordentlich merkwürdig unser Dasein doch ist. Ich selbst habe noch nicht einmal begonnen, es zu begreifen.

Auf jeden Fall ist das I Ging eine der verfeinertsten Methoden im Leben, um den Tanz mit dem Zufall zu lernen, solange man nur erkennt, dass man der Partner ist, der geführt wird.

6

Bücherreigen

Manchmal ist der Zufall ein plötzliches Lächeln aus dem Himmel, ein Sonnenstrahl, der die Wolkendecke an einer Stelle durchdringt.

Am 10. Januar 1990 rief Karin an, eine Schauspielerin, die ich früher behandelt, jedoch schon jahrelang nicht mehr gesprochen hatte. Sie wollte den Titel jenes seltsamen Astrologie-Bildbandes wissen, den ich ihr in den sechziger Jahren einmal gezeigt hatte. Es handelte sich hier um „Les 360 Degrés du Zodiac symbolisés par l'Image" („Die 360 Grade des Tierkreises als symbolische Bilder") von Janduz. Darüber habe ich in diesem Buch bereits erzählt. Das Buch war vergriffen, und ich wusste nicht, dass Koppejans Buch in den Niederlanden erschienen war (um 1990).

Exakt zehn Minuten später rief eine andere Patientin bei mir an und fragte: „Wie war schnell wieder der Titel des Bildbandes, den Sie mir früher einmal gezeigt hatten?"

Ich kann mir vorstellen, dass jemand sagt: „Ist das jetzt Zufall? Sie zeigen dieses Buch natürlich Hunderten von Menschen." Nein – ich tue das so gut wie nie. In den letzten zwanzig Jahren vor diesem Ereignis überhaupt nicht. Ich bekam das Buch im März 1954 von meinem Lehrmeister Koppejan geschenkt, der in Paris noch ein Exemplar aufgetrieben hatte. Es läuft folglich darauf hinaus, dass mich innerhalb von zehn Minuten zwei Patienten wegen eines damals äußerst seltenen Buches anriefen, das den meisten Menschen total unbekannt war, und das ich in den letzten zwanzig Jahren so gut wie niemandem gezeigt hatte. Daher fand ich dies einen fröhlichen Beginn des „Bücherreigens“. Das Phänomen Zufall neigt dazu, uns ab und zu anzutippen, wie um uns zu sagen: „Vergiss‘ nicht, dass es mich gibt!“

Sie, die viel lesen, werden sicher diese Art von Erfahrung kennen, die ich im Folgenden beschreibe. Am 30. Oktober 1990 las ich ein Buch von C. S. Lewis, in dem er Johnsons Boswell erwähnt, als ob jeder wüsste, wer das war. Ich wusste es nicht und fühlte mich wie ein ungebildeter Tölpel. Am 2. November schlug ich in der Enzyklopädie nach, und man höre und staune, da gab es ihn, den Johnson. Meine Frau brachte an jenem Nachmittag ein unterhaltsames Buch für sich aus der Bibliothek mit: „Das Privatleben von Dr. Watson“. Ich schlug es auf, und die erste Zeile, die ich las, lautete: „Ich fühle mich verloren ohne meinen Boswell“, worauf ein Zitat von Dr. Samuel Johnson folgte.

Meine Frau war sich meiner angeknacksten intellektuellen Eitelkeit nicht bewusst, die ich mir durch mein Unwissen über Johnson zugezogen hatte und die mir schon seit einigen Tagen durch den Kopf spukte. Sollte es einen Leser geben, der auch nicht weiß, wer Boswell war: Wie jeder belesene Mensch natürlich weiß, wurde er 1740 geboren, war Mitglied in einem literarischen Club, der von Johnson gegründet worden war, und schrieb Johnsons Biographie: „The Life of Johnson“ („Johnsons Leben“), 1791 in London veröffentlicht.

Dies sind natürlich federleichte Beispiele, doch sie halten wach. Ich habe auch schon die Geschichte von Kong Kong erzählt, dem Doppelspion, und von meinem „Signal“ in Bezug auf die Beamten A und B, das eine ganze Kette von Ereignissen ausgelöst hatte. Dies wurde in „Die Wissenschaft kennt keine Tränen“ veröffentlicht, und jenes Buch hat noch mit einem weiteren Zufall zu tun. Dazu aber zunächst eine Einführung, um den Zufall zu seinem Recht kommen zu lassen.

Direkt nach dem Zweiten Weltkrieg rollte eine Flutwelle guter englischer und amerikanischer Filme über uns hinweg. Wir konnten gar nicht genug davon bekommen. Einer davon war „It's a Wonderful Life", mit James Stewart in der Hauptrolle. Es geht um einen braven Mann mittleren Alters, der in einem erfolgreichen kleinen Unternehmen arbeitet, ich glaube bei einer Zeitung. Natürlich gibt es auch einen Schurken, der es aufkaufen will und keinen Trick auslässt, um sein Ziel zu erreichen. Beim braven Mann, dem Einzigen, der gegen den Schurken vorgeht, läuft alles schief. Am Ende wird er so depressiv, dass er dem Ganzen ein Ende machen will. Er läuft an einem nebligen kalten Abend zu der Brücke, die über einen Fluss führt, doch kurz bevor er hineinspringen will, kommt ein merkwürdiges Männlein angelaufen und sagt: „Was tust du hier?"

„Was geht dich das an?", fragt der Selbstmordkandidat.

Er springt, das Männchen springt ihm nach, und sie landen letztendlich im Häuschen des Brückenwärters, eingehüllt in warme Decken, denn zu einem Selbstmord kommt es nicht. Der Mann erzählt seine Geschichte der Missgeschicke, über sein Unternehmen, das schlecht läuft, über seine Frau und die Kinder, die nichts für ihn übrig haben, und er sagt verbittert: „Ich wünschte, ich wäre nie geboren worden!"

„Tja", sagte das Männchen. „Ich kann, was das betrifft, schon etwas regeln, denn ich bin ein Engel Gottes." Auf der Stelle kommuniziert das Männchen mit oben und sagt, dass es in Ordnung geht. Plötzlich verschwindet es.

Der brave Mann läuft zurück in das Städtchen, und nun erwartet ihn eine unangenehme Überraschung. Der ganze Ort ist gründlich verändert, und zwar nachteilig. Die Häuser sehen verwahrlost aus, das gesellige Wirtshaus ist zur lärmenden Bar mit unfreundlichem Personal geworden. Sein Feind hat die Stadt praktisch eingenommen, und sie ist ein harter, übler Ort geworden. Sein Bruder, dem er als Kind das Leben gerettet und der viel Gutes getan hatte, ist als Kind gestorben. Seine Frau ist eine neurotische, ganz verkniffene Jungfer in der Bibliothek. (Ich erzähle die Story aus meiner Erinnerung heraus, vielleicht stimmen daher einzelne Details nicht ganz.)

Es stellt sich nun heraus, dass dieser Mann, der sich selbst als ein *Missgeschick* betrachtet, eben dieser eine Faktor ist, der mit Hilfe einer Reihe von kleinen, scheinbar unbedeutenden Taten, die doch jedes Mal den Ausschlag für das Gute gaben, die ganze Stadt glücklich macht.

Letztendlich rennt er zurück zur Brücke, begegnet dem Männlein wieder und fordert sein Leben zurück. Das geschieht, und alles wendet sich zum Guten, wie dies in Hollywood so üblich ist. Sogar der Engel, der nur eine 'Hilfskraft' war, bekommt eine feste Anstellung …

Ich erzählte diese Geschichte in meiner Sprechstunde einst depressiven Vierzigjährigen, die sagten: „Was habe ich bis jetzt erreicht?" Dann sagte ich „Du bist dieser Mann (oder diese Frau). Ohne dich würde die Sache nicht richtig laufen, du gehörst in das große Ganze, sonst gäbe es dich nicht. Mach' das Beste daraus und denke daran, dass du eine wichtigere Rolle spielst, als du glaubst."

So half mir diese Geschichte als Gegengewicht gegen diese schreckliche Geisteskrankheit des 20. Jahrhunderts – das Gefühl der Sinnlosigkeit. Das Gefühl, dass das Leben keine Bedeutung hat. Bei vielen Krankheiten muss man versuchen, zuerst das Gefühl wiederherzustellen, dass das Leben einen Sinn hat, bevor man eine echte Heilung erwarten kann.

Nun kommt der Zufall ins Spiel. Das Buch „Die Wissenschaft kennt keine Tränen", in dem die oben skizzierte Story stand, wurde 1980 veröffentlicht.

1981 rief mich ein Kollege, ein Hausarzt aus Haarlem, an und sagte: „Ich saß oben in meinem Studierzimmer und las in dem Buch. Als ich die Geschichte von dem depressiven Mann und dem Engel gelesen hatte, ging ich nach unten, wo meine Frau TV schaute. Ich sah eben noch die letzten zehn Minuten. Es war genau der Film, über den ich soeben in deinem Buch gelesen hatte und der noch einmal gezeigt wurde."

Manchmal hält der Zufall einen auch einfach zum Narren. Am 2. September 1992 schlug ich ein Buch aus der Stadtbibliothek auf und fand darin eine Einladung zu einer Überraschungsparty anlässlich der Hochzeit von mir unbekannten Menschen. Es stand eine Telefonnummer dabei, bei der man anrufen konnte, um zu bestätigen, dass man mit von der Partie sein würde. Ich fürchtete, dass jemand dieses Blatt versehentlich im Buch hatte liegen lassen und so das Fest verpassen würde, daher rief ich die Nummer an.

Nun muss der Leser wissen, dass ich mitten unter 250.000 Menschen lebe, von welchen ich die meisten nicht kenne. Doch die Stimme am anderen Ende der Leitung klang mir bekannt in den Ohren. Ich nannte meinen Namen und meine Adresse, und die Frau rief aus: „Ach was! Das ist aber eine nette Überraschung. Was kann ich für Sie tun?" Plötzlich erkannte ich sie als jemanden aus der Hausarzt-Praxis, die mich regelmäßig konsultierte.

Wir waren überrascht, dass ich genau das eine von zehntausend Büchern in der Stadtbibliothek mitgenommen hatte, in dem die Einladung lag, und dass mitten unter meinen 250.000 Mitbürgern die betreffende Telefonnummer ausgerechnet zu einer Patientin aus meiner Praxis gehörte. Die Wahrscheinlichkeit hierfür muss mathematisch gesehen sehr klein gewesen sein; aber es war eben doch kein Roulette. Es war ein unverblümter Zufall, der sich nicht um stochastische Wahrscheinlichkeitsberechnungen schert. Ich ging übrigens nicht zu jener Überraschungsparty.

Ein weiteres Beispiel für das unsichtbare Netz, in dem wir uns bewegen, ist Folgendes:

Am Sonntagnachmittag des 29. Januars 1984 saß ich da und las ein Buch mit dem Titel „Scarlet Night" („Scharlachrote Nacht") von Dorothy David. Auf Seite 149 schrieb sie vom „Book of Kells", einem mir unbekannten alt-irischen Manuskript. Ich hatte diesen Abschnitt soeben zu Ende gelesen, als Emilie, meine Assistentin, hereinschaute. Sie kam aus Amsterdam, wo sie eine irische Ausstellung besucht hatte. Eines der schönsten Ausstellungsstücke, das sie dort gesehen hatte, war das „Book of Kells", und sie hatte sogar vier Kunstdruckkarten davon mitgenommen. Nun wusste ich also, was es für ein Buch war.

Es folgt nun eine etwas längere Geschichte. Zu Beginn der Neunziger Jahre gab es zwei Verleger, die mir ab und zu ausländische Bücher zukommen ließen, um zu beurteilen, ob sie für den niederländischen Markt geeignet wären. Gelegentlich wies auch ich sie einmal auf ein Buch hin. Ganz selten bat man mich außerdem, ein Vorwort zu schreiben.

Anfang 1992 fragte mich der Verlag INTRO, ob ich das Lektorat für die niederländische Ausgabe des Buches „Getting Well Again" („Wieder gesund werden") von Carl und Stephanie Simonton und James Creighton übernehmen und auch ein Vorwort dazu schreiben wolle – zwei außergewöhnliche Bitten auf einmal.

Carl ist ein Radiologe aus Texas, der etwas depressiv geworden war, da die meisten seiner Krebspatienten starben. Er sprach mit seiner Frau darüber, einer Psychologin. Inspiriert durch den Pionier Lawrence Lesham, riet sie ihm, neben seiner orthodoxen

Therapie gezielte Meditationen mit Visualisierungen einzusetzen, bei welchen die Patienten sich vor ihrem geistigen Auge vorstellen sollten, wie ihre Immunzellen ihre Krebszellen auffraßen.

Ich hatte mit Stephanie einen Workshop in London und mit Carl einen in Amsterdam abgehalten. Daher nahm ich die Aufgabe gern an. Das Buch kam unter dem Titel „Wieder gesund werden“ auf den Markt.

Heute, da ich dies schreibe, am 3. Mai 2007 um 3 Uhr nachmittags, bekam ich mit der Mittagspost ein Exemplar der neu erschienenen 12. Auflage dieses Buches. Ein Zufall im Zufall, denn dies ist es gar nicht, worüber ich eigentlich schreiben wollte.

Kurze Zeit vor der Anfrage von INTRO, Ende 1991, wies ich Ankh-Hermes, den Verlag, den ich oft in Bezug auf medizinische Bücher berate, auf das Buch „Vaccination and Immunisation“ („Impfung und Immunisierung“) von Leon Chaitow hin. Dieses Buch ist den Risiken des zu frühen und zu häufigen Impfens gewidmet. Da ich auf dieses Thema in meinem Buch „Gesundheit!“ (Erscheinungsjahr 2005) viel Augenmerk gelegt habe, gehe ich an dieser Stelle nicht weiter darauf ein. Ankh-Hermes beschloss, es zu veröffentlichen und bat mich, das niederländische Lektorat zu übernehmen und ein Vorwort zu verfassen.

Schauen Sie nun, was geschah. Wir gehen von der Tatsache aus, dass man mich ab und zu darum bittet, niederländische medizinische Bücher zu beurteilen, sehr selten, ein Vorwort zu schreiben, und *niemals* darum, das niederländische Lektorat zu übernehmen.

Am 30. September 1992 erhielt ich den Drucksatz von Chaitows Buch, dessen Lektorat ich übernommen und in dem ich ein Vorwort verfasst hatte. Am 1. Oktober 1992 erhielt ich den Satz des Simonton-Buches, dessen Lektorat ich übernommen und in dem ich ein Vorwort verfasst hatte. Wie groß die statistische Wahrscheinlichkeit ist, dass so etwas geschieht, weiß ich nicht – sie ist jedoch mit Sicherheit sehr, sehr gering.

Man halte sich nur vor Augen, wie viele Menschen überhaupt am Satz eines Buches beteiligt sind sowie wie äußerst gering die Wahrscheinlichkeit ist, dass ich sowohl um das niederländische Lektorat als auch um ein Vorwort gebeten werde. Und dann kommen auch noch die betreffenden Drucksätze an zwei aufeinander folgenden Tagen an: Am 30. September und am 1. Oktober 1992.

In der nicht-linearen Welt freilich, aus der der Zufall kommt, fügen sich enorme Serien an Ursachen und Folgen spielerisch zu einem übergreifenden Muster zusammen. Ich habe dieses Zusammenspiel von Umständen als Lächeln über diese beiden Veröffentlichungen verstanden.

Als Nächstes folgt ein trauriges Ereignis.

1979 kam ein liebes 17-jähriges Mädchen in die Sprechstunde. Wir wollen sie „Mieke“ nennen. Sie befand sich im fortgeschrittenen Stadium eines bösartigen Krebses. Mit Ach und Krach funktionierte sie noch einige Zeit, doch dann ging es mit ihr ganz schnell bergab. Am 1. Februar 1980 bekam sie Besuch von ihrem ganzen Tanzclub. Einer der Jungen war ein starker Stotterer.

Wir hatten früher eine bekannte Schriftstellerin von Jugendbüchern: Top Naeff. Eines ihrer Bücher hieß „Schulromantik“. Es beschreibt das Leben eines 17-jährigen Mädchens, das Tuberkulose bekommt, wie dies so häufig gegen Ende des 19. Jahrhunderts und zu Beginn des 20. Jahrhunderts vorkam. Sie liegt genauso wie Mieke zu Hause auf dem Sterbebett, und dann bekommt sie ihren ganzen Tanzclub zu Besuch. Einer der Jungen ist ein starker Stotterer …

Mieke war schon so schlecht beisammen, dass sie kaum noch sprechen konnte, doch als ihre Tanzfreunde weg waren, flüsterte sie ihrer Mutter zu: „Schulromantik“.

Sie starb am 6. Februar, kurz bevor die Sanitäter ankamen, um sie ins Krankenhaus zu bringen.

Fällt dies unter das Phänomen Zufall? Ich bin mir aufgrund der folgenden vier Punkte sicher:

Ihre Freunde und die aus Top Naeffs Geschichte waren nicht nur eine Schar von Freunden, sondern gehörten zu ihren Tanzfreunden.

Sowohl im Falle von Mieke als auch in der Geschichte litt ein Junge unter starkem Stottern.

Sowohl Mieke als auch das Mädchen aus der Geschichte waren siebzen Jahre alt.

Beide Mädchen befanden sich wenige Tage vor ihrem Tod.

Mit anderen Worten: Die Fiktion von „Schulromantik" spielte sich im Falle von Mieke buchstäblich in der realen Außenwelt ab.

Im Februar 1988 kam eine junge Frau in die Sprechstunde, die ich „Maria" nennen möchte. Sie hatte Beschwerden beim Gehen. Es schien, als hätte sie eine schlimme Krankheit, MS, eine Muskellähmung, die von einer Rückenmarkserkrankung ausgeht und nach einiger Zeit zum Tod führt.

Innerhalb eines Jahres war sie vollständig gelähmt. Sie konnte – und das galt ganz im wörtlichen Sinne – keinen Finger mehr rühren. Auch ihre Atemmuskulatur war betroffen, und man führte eine Kanüle in die Luftröhre ein, um sie künstlich zu beatmen. Ich werde niemals den Tag vor dieser Operation vergessen, als sie sich bei mir für die Begleitung bedankte, denn nach der Operation würde sie nicht mehr sprechen können. Auch das Schlucken wurde unmöglich, und sie erhielt eine Sonde zur künstlichen Ernährung durch die Nase, die in ihrem Magen endete. Das Einzige, was sie noch bewegen konnte, waren ihre Augen. Indem sie diese nach links und nach rechts bewegte, konnte sie mit Hilfe des Alphabets mit uns kommunizieren.

Wir erwarteten, dass Maria schnell sterben würde, doch sie lebte weiter. Es gab noch eine weitere Komplikation. Sie gehörte einer streng-christlichen Gruppe an, welche die Nutzung von Fernsehen und Radio nicht guthieß. Ein wenig so, wie die Amish in Amerika. Ganz gute, gläubige Menschen, doch für Maria blieb nur wenig Unterhaltung übrig.

Stellen Sie sich Maria vor, wie sie auf dem Rücken liegt und nur noch die Augen bewegen kann, ohne viel Ablenkung, als Vollzeitpflegefall, was sehr mühsam war. Außerdem konnte sie ihren Speichel nicht schlucken. Um daran nicht zu ertrinken, musste er zuverlässig alle Viertelstunde abgesaugt werden.

Nach drei Jahren wurde Maria schwer depressiv und diktierte mir: „Ich habe Angst davor, verrückt zu werden“, denn ihr Bewusstsein blieb nach wie vor glasklar. Ich fühlte mich angesichts dieser Situation hilflos und besprach den Fall mit meinem dritten Sohn, der Hausarzt ist. Er sagte: „Diese Frau leidet unter einer sensorischen Deprivation.“ Das war neu für mich, doch ich begriff sofort, was er meinte. Solange wir gesund sind, merken wir kaum, wie wichtig die dauernde Stimulation unserer Sinnesorgane für uns ist. Dies ist mindestens ebenso wichtig für unser Wohlbefinden wie Essen und Trinken. Maria konnte ihre Hände nicht ausstrecken, um etwas zu *fühlen*.

Sie konnte nicht spüren, in welcher Position sich ihre Gelenke befanden. Wir sind uns dessen meist nicht bewusst, doch das sagt uns unsere *räumliche Sinneswahrnehmung*.

Sie konnte wegen der künstlichen Beatmung nichts *riechen*.

Sie konnte wegen ihrer Magensonde nichts *schmecken*.

Sie konnte nur ihr kleines Zimmer und die Menschen um sie herum *sehen*, solange es möglich war, denn auf die Dauer wurde sie blind.

Sie konnte perfekt hören, doch es gab nicht viel Abwechslung bei den Gesprächen. Es ist schwierig, mit jemandem zu kommunizieren, der mühsam und langsam alles Buchstabe für Buchstabe buchstabieren muss, wenn er etwas erwidern will.

Meine Assistentin begann, ihr Briefe zu schreiben, doch ich hatte das Gefühl, dass noch etwas mehr nötig war. Ich schrieb ihr also über meine wöchentlichen Wanderungen durch die Dünen, illustriert mit Fotos – und der Erfolg war überwältigend. Sie trank es in sich hinein, wie eine hungrige Katze ein Schälchen Milch. Dann kam mir eine Idee. Ich beschloss, eine spannende Geschichte für sie zu schreiben. Natürlich musste ich die strenge Einstellung ihrer religiösen Gemeinschaft berücksichtigen, doch ich dachte, dass dies schon möglich sein würde. Sobald ich diesen Beschluss gefasst hatte, fuhr ich nach Südfrankreich in den Urlaub.

So begann ich 1992, ein Buch für Maria zu schreiben, während ich in einem schönen südländischen Garten unter einem Eukalyptusbaum saß.

Romane zu schreiben, scheint schon etwas Sensationelles zu sein. Etwas in mir übernahm die Führung. Jeden Morgen erwachte ich, um den nächsten Teil glasklar aufzuschreiben. Ich verstand nun Tolkien besser, der über die Zeit erzählt, in der er sein „Herr der Ringe“ schrieb. Auch er sah, wie die Geschichten sich gleichsam spontan entfalteten. So berichtet er: „Ich sah im Wirtshaus „The Prancing Pony“ in Bree einen Mann sitzen und dachte: ‚Wer könnte das sein?‘“ Es schien damals Aragorn zu sein, einer der Hauptheldendes gesamten Epos. Dadurch wurde die Geschichte für mich ebenso spannend wie für Maria und ihre Pfleger, die zweimal pro Woche nach der nächsten Teillieferung Ausschau hielten. Die Heldin der Geschichte war natürlich eine junge Frau in Marias Alter, die ein schauriges Abenteuer nach dem anderen erlebte. Nach einem Jahr war das Buch, das ich auch illustrierte, fertig. Weil Maria entgegen allen Erwartungen noch lebte, begann ich das zweite Buch. Die Heldinnen in den fünf Büchern, die ich insgesamt schrieb, lebten zwar zu verschiedenen Zeiten, waren jedoch alle in direkter Linie miteinander verwandt.

Wenn man sich mit einem Roman beschäftigt, mit einem schöpferischen Werk also, dann sitzt der Zufall wie eine Miezekatze schnurrend an unserer Seite. Ich zitiere nun eine Passage aus dem dritten Buch, in dem ein Mädchen namens Deborah von einem arabischen Jüngling auf einem fliegenden Teppich mitgenommen wird, um das Hauptquartier einer weltweit agierenden bösen Organisation aufzuspüren. Hier nun die Stelle:

„Sie flogen über den östlichen Teil des Mittelmeers und näherten sich der Küste des Landes, das heute Israel heißt, ungefähr auf der Höhe von Jaffa. Rasch tauchte die Küstenlinie auf. Sie sah eine gewaltige Brandung (es herrschte nämlich ein starker Sturm), und dann hatten sie die Küste passiert und flogen ins Landesinnere hinein. Zunächst war das Land noch ganz flach, mit Orangenbaum-Plantagen. Sie konnte deutlich die hell-orange Farbe der Früchte zwischen dem Dunkelgrün der Blätter erkennen.

Die Fahrt ging nun direkt auf hohe dunkle Hügel zu. Dann schossen sie steil empor, bis sie eine weiße Stadt auf den Hügeln liegen sahen. In kürzester Zeit befanden sie sich über der Stadt, und ihr sonderbares kleines Luftfahrzeug schwebte lautlos über ihr.

Sie schaute nach unten und erschrak gewaltig. Inmitten der Stadt, auf einem hohen Hügel, lag ein gigantischer Tintenfisch. Sein ovaler grauer Körper lag wie eine Art Höcker über dem Hügel. Seine beiden großen schüsselförmigen Augen vorn am Kopf stierten starr und glasig in den Raum. Acht gewundene Arme entsprangen vorn an seinem Körper, und dazwischen konnte sie deutlich den papageienartigen Schnabel sehen.

„Was ist das für ein Monster, Joessoef?“, fragte sie, vor Angst bebend.

„Ein Monster, das die ganze Welt unter Kontrolle hält, edle Dame.“ Zu ihrem Entsetzen machte der fliegende Teppich einen Abstecher in Richtung Tintenfisch, und plötzlich sah sie, dass es gar kein lebendiges Tier war. Der graue Körper war eine große, glatte, kuppelförmige Struktur. Die einzigen Fenster bildeten die beiden gläsernen Kugeln, die sie für Augen gehalten hatte. Die Tentakeln waren langgestreckte Ausläufer an der einen Seite des Bauwerkes mit vielen kleinen Fensterchen als Bullaugen, die aus der Luft wie Saugnäpfe ausgesehen hatten. Der überdachte Eingang mit den Stufen, die zum Portal führten, erweckten den Eindruck eines geöffneten Papageienschnabels."

Da Maria noch nicht blind war, illustrierte ich diese Seite mit einer Luftaufnahme von Jerusalem, über der ein großer Tintenfisch hing.

Ich schrieb diesen Teil des Buches im Juni 1994, auch wieder in jenem Garten in Südfrankreich.

Und hier kommt der Zufall – und was für einer!

Am *15. März 1995* wurde Maria diese Geschichte vorgelesen. Sie müssen wissen, dass ich immer ein tüchtiges Stück im Voraus vorbereitete. Am *18. März* stand folgende Geschichte in 'De Telegraaf' (ich zitiere hier nur den zu meiner Geschichte passenden Teil):

„Tags zuvor waren jüdische Institutionen in der Residenz von besorgten Bürgern von einer grässlichen Abbildung in Kenntnis gesetzt worden, die vor den Fenstern vieler Häuser moslemischer Bewohner in der Schilderswijk hing: Ein riesiger Tintenfisch, der mit seinen Tentakeln über Jerusalem baumelt. Der Kopf des Monsters ist ein Schädel, in den ein jüdischer Davidstern eingebrannt ist.

Ronny Nafthaniel vom CIDI, dem Zentrum für Information und Dokumentation Israels: „Wir haben viele schockierte Reaktionen erhalten. Dieser Tintenfisch wird auf diese Weise benutzt, um den Judenhass zu schüren. Wir haben es hier mit einer sehr gefährlichen Entwicklung zu tun, die gestoppt werden muss. Sonst kommt es bald zu ersten Opfern."

Später fügte Ronny Nafthaniel noch hinzu: „Der Tintenfisch wurde schon früher benutzt, nämlich von den Nazis, um Hass gegen die Juden zu säen.“‘‘

Sie sehen, dass eine beinahe schon schaurige Ähnlichkeit zu meiner Geschichte besteht. Nur der Totenkopf und der Davidstern stimmen nicht, doch warten Sie einmal – da ist noch etwas.

Als Deborah die Chance sieht, in das Gebäude einzudringen, und daher hinter den Augen des Tintenfisches steht, stellt sich heraus, dass der Kopf ein gigantischer leerer Saal ist, *wie ein hohler Schädel.* Auch hier besteht also nochmals eine Übereinstimmung mit der wahren Begebenheit aus Jerusalem, bei der die Tintenfisch-Poster an der Stelle des Kopfes einen Totenkopf haben.

Es ist Schauder erregend, wenn ein Zufall so weit geht. Es kommt einem dann beinahe vertraut vor, dass heute, am 3. Mai 2007, da ich dies schreibe, auf der Titelseite des ‘De Telegraaf’ ein Tintenfisch abgebildet ist, der Flaschen aufschrauben kann.

Was bedeutet so etwas? Man steht hier vor einem Rätsel. Dies wirkt nicht mehr wie ein Spiel. Man scheint in die Tiefe des Kosmos zu schauen.

Deborah musste es mit einem spirituellen Tintenfisch aufnehmen, der die Seele der Menschheit leersaugte.

Maria musste gegen eine Krankheit kämpfen, die sie im wörtlichsten Sinne komplett gelähmt hatte und die drohte, sie auch geistig lahmzulegen. Sie hatte einen ungestümen, unabhängigen Geist, der völlig gefangen war, wie ein Adler in einem Tierkäfig. Ich versuchte, ihrem Geist mit all meinen Geschichten die Freiheit zu geben. Manchmal war es so, dass sie diktierte: „In dieser Geschichte schreibst du exakt das, was ich empfinde.“

Deborah besiegte letztendlich den Tintenfisch, trotz einer unwahrscheinlichen Übermacht. Maria beendete ihr Leben als ein gereifter, besonderer Mensch im Juni 2002. Auch sie überwand den Tintenfisch. Ihre Seele wurde durch ihre Krankheit nicht versklavt.

Doch wie verhält es sich mit der Weltbühne? Was ist mit den echten Tintenfischpostern, die solch einen Aufruhr verursachten?

In welchem Zusammenhang steht der arabisch-israelitische Konflikt, der vor mehr als viertausend Jahren zwischen den beiden Söhnen Abrahams, Ismael und Isaak, seinen Anfang nahm, mit dem Kampf einer unbekannten, total gelähmten jungen Frau in einem Häuschen in Nord-Holland? Spiegeln ein Weltkonflikt und ein persönlicher Konflikt einander gegenseitig wider? Was bedeutet dieser Tintenfisch über Jerusalem? Sowohl die Nazis als auch die Araber benutzten dieses Bild, um das Judentum zu symbolisieren, und deshalb verwerfen wir es. Doch steckt darin nicht doch irgendwo ein Körnchen Wahrheit? Werden wir durch das Bild vom Tintenfisch nicht mit der Art und Weise konfrontiert, wie wir Europäer unsere jüdisch-christliche Natur verraten haben, indem wir uns geistiger Barbarei hingeben und unseren armen Planeten in einen immer stärkeren Würgegriff der Ausbeutung unserer natürlichen Ressourcen nehmen?

Hat dies nicht direkt mit Marias Tod und dem ihrer Schwester zu tun, die beide an MS starben, wobei sich später herausstellte, dass die Mädchen in Häusern aufgewachsen waren, die auf stark vergiftetem Boden standen (Man hat diesen Grund später abtragen lassen müssen.)?

Ist eigentlich die individuelle Geschichte analog zur Weltgeschichte? Heißt es bei den Juden daher: „Wer einen Menschen tötet, ist gleich dem, der die ganze Welt getötet hat.“ Gibt es in der Welt des Zufalls kein Groß und Klein, sondern nur Qualität?

Ich weiß nur Eines sicher: Maria hat letztendlich den Sieg errungen und ist mit Trompetenschall empfangen worden, als sie hier ihre leere Hülle zurückließ.

7

Lassen Sie sich nicht in die Karten schauen!

Eine Art und Weise, wie die Menschheit versucht hat, den Zufallstreffer zu landen, bestand darin, den Schleier der Zukunft zu lüften, also durch Prophezeiung.

Das ist schade, denn Prophezeiungen gibt es in der Tat, doch man muss sie spontan geben. Versucht man, Prophezeiungen zu erzwingen, dann richten diese sich gegen einen.

Engel-Begegnungen, Prophezeiungen oder Wunderheilungen treten jenseits unseres Willens auf und sind oft einmalig. Einzigartigkeit ist nun einmal das 'Markenzeichen' echter Schöpfung.

Lassen Sie mich hierfür ein Beispiel aus meinem eigenen Berufsfach nennen.

Am 7. Juli 1953 kam ein 13-jähriger Junge mit seinen Eltern in die Sprechstunde. Das Kind litt an der Duchenne-Aran-Krankheit, einer langsam fortschreitenden Muskellähmung, die letztendlich zur totalen Invalidität und oft zu einem frühen Tod führt. Der Neurologe hatte die Krankheit bestätigt, weil ein bestimmtes Stoffwechselprodukt in erhöhtem Maße mit dem Urin ausgeschieden wurde. Es gibt kein Heilmittel für diese Krankheit, die oft bei mehreren Mitgliedern einer Familie auftritt, weil ein bestimmter Erbfaktor eine Rolle spielt.

Ich untersuchte das Kind, das die typischen Symptome seiner Krankheit aufzuweisen begann, und sagte ihnen, dass ich über seinen Fall nachdenken wollte. Am Samstagnachmittag setzte ich mich dazu hin und ließ vor meinem geistigen Auge langsam die Symptome der Muskeldystrophie nach Duchenne an mir vorüberziehen. Ist die Krankheit weiter fortgeschritten, tritt eine Muskellähmung im Gesicht auf. Die Patienten bekommen runde, schlaffe Wangen und spitze Lippen, was in der französischen Diagnostik als *le museau de tapir*, also *Tapir-Nase*, bezeichnet wird.

Nun machte mein Geist einen Sprung. Warum begann ein Mensch, Tapir-Lippen anzunehmen? Gab es eine Verwandtschaft? Was wusste ich über das Tier? Nichts.

Ich tauchte in mein *Brehms Tierleben* ein und entdeckte unter anderem, dass die Nahrung dieser Tiere fast ausschließlich aus Kokospalmen besteht.

Das war sonderbar. Ich dachte über die Palme nach, und es traf mich wie ein Blitz, dass das Bild der Palme genau das Gegenteil der Symptome der Duchenne-Aran-Krankheit ist. Bei der Palme: Der aufrechte, geschmeidige Stamm, der hoch hinaufragt und so beweglich ist, dass er den stärksten Wirbelsturm überleben kann. Bei der Muskeldystrophie: Ein Kind, das beispielsweise auf dem Boden sitzt und sich nicht hinstellen kann und „sich an sich selbst hochzieht", wie die Handbücher seine verzweifelten Versuche beschreiben (es handelt sich beinahe immer um Jungen).

Sollte dieser Baum sein kerzengerades und so bärenstarkes Bild auf das Kind übertragen können?

Doch wie sollte er das können?

Ich erinnerte mich daran, dass Menschen, die viel Schweinefleisch essen, Fettdepots im Nacken und um die Augen anlegen, wodurch sie beginnen, ein wenig wie ein Schwein auszusehen. Dadurch kam mir ein neuer Gedanke. Wie wäre es, wenn ich diesem Kind Massen an Kokosnüssen geben würde? Würde ich dann in ihm die Palme aufbauen?

Ich rief die Eltern an und schlug vor, *alle* tierischen Eiweiße durch frische Kokosnuss zu ersetzen, sowohl durch die Kokosmilch als auch durch das Fruchtfleisch. Ich wusste, dass Menschen, die nach einem Schiffbruch auf einer unbewohnten tropischen Insel an Land gespült worden waren, sich monatelang ausschließlich mit Kokosnüssen am Leben erhalten konnten; also konnte es so falsch nicht sein.

Nun hatte dieses Kind besondere Eltern, denn sie gingen begeistert auf meinen Vorschlag ein. Ich glaube, dass das Kind in einem Zeitraum von anderthalb Jahren einen ganzen Keller voller Kokosnüsse leer gegessen hat. Nach achtzehn Monaten war es ganz gesund, und sogar das Stoffwechselprodukt in seinem Urin war verschwunden. Ich war total verblüfft, und der Spezialist reagierte übermäßig gereizt in meine Richtung. Der kleine Junge ist inzwischen ein Mann von dreiundsechzig Jahren, gesund wie ein Fisch im Wasser und gesegnet mit einem gesunden Sohn. Ein ganz lieber Mann, der viel jünger erscheint, als er an Jahren ist.

Woher ich das weiß? Weil ich ihn, nach mehr als zehn Jahren, heute vor acht Tagen mit seiner alten Mutter wiedergesehen habe. Ja, der Zufall kann es nicht lassen, noch eins obendrauf zu setzen! Trotz ihrer zweiundneunzig Jahre war die Mutter noch immer die lebenslustige, spontane, originelle Frau mit dem leicht frechen Blick, an den ich mich so gut erinnerte.

Es gibt allerdings einen Haken an der Sache. Sehr vereinzelt habe ich schon wieder einmal ein Kind mit Muskeldystrophie, doch es gelingt mir nicht, dieses Wunder zu wiederholen. War es deshalb, weil die Eltern sich so fromm an jene merkwürdige Diät geklammert hatten, oder war es eine einzigartige Heilung, die in die Kategorie 'Zufälle und Wunder' verwiesen werden kann?

In der Unterhaltungsserie „Hallo, Hallo!“ sagt Michelle zum Spaß: „Hört ganz genau hin. Ich sage es nur einmal.“ Bei jeder Folge kehrt dieser Slogan wieder. Das Einmalige ist ein Kennzeichen des echten Zufalls.

Dieses Phänomen lässt sich nicht wissenschaftlich erfassen, jedenfalls nicht gemäß dem, was der Mensch heute unter *Wissenschaft* versteht. Wissenschaftlich gesprochen, ist die Heilung dieses Kindes irrelevant. Die Wissenschaft nennt das „anekdotisch", eben „nur eine Geschichte". Der kleine Junge war für die Wissenschaft nur eine kleine Geschichte, ein Nichts, höchstens ein Schulterzucken und eine Irritation wert. Doch ich bin immer noch froh, dass dieses schöne, einmalige Wunder ihn zum Helden auserkoren hat.

Was war eigentlich geschehen? Ich hatte eine der schlimmsten Ketzereien gegen meinen Berufsstand betrieben und eine Therapie „erträumt", und bin nicht kühl und logisch und gemäß einer normierten, wohlgewählten Methode ans Werk gegangen. So etwas kann man eventuell in einem butterweichen Beruf, wie etwa bei der Psychoanalyse, bringen, und dann noch unter strengster Supervision. Ich hatte mich wirklich bei einer lebensbedrohlichen, unheilbaren Krankheit dem assoziativen Denken jenseits der Psychiatrie hingegeben. Indem ich so handelte, hatte ich es freilich verstanden, den kreativen Prozess in Gang zu setzten und war zum Instrument der Heilung mittels einer originellen Lösung geworden. Aus schulmedizinischer Sicht jedoch war dieses Handeln unverantwortlich. Es hat mich denn auch hinterher verwundert, dass ich es diesmal nicht mit der Gesundheitsaufsicht zu tun bekommen hatte.

Assoziatives Denken gilt in unserer Kultur auf der wissenschaftlichen Ebene als ketzerisch, minderwertig und sogar anstößig. Frühere Kulturen versuchten dagegen gerade, das assoziative Denken anzuregen. Um dies zu fördern, benutzte man Symbole. Solch eine Symbolreihe ist das uralte Tarot-Spiel.

Es wird die Geschichte erzählt, dass eine hochentwickelte Kultur gerade am Abgrund des Untergangs stand, denn auch Hochkulturen erreichen ein Ende. Die noch übrig gebliebenen

Weisen fragten sich, wie sie ihr gesammeltes Wissen weitergeben könnten. Es betraf hier, im Gegensatz zu unserer Kultur, vor allem den inneren Weg des Menschen und die Bedeutung des Lebens.

„Wir wollen unser Wissen in Stein meißeln und in einer Höhle verstecken", sagte einer.

„Nein, ein Erdbeben kann alles verwüsten", erwiderte man ihm.

„Wir wollen eine Geheimgesellschaft von Eingeweihten gründen, die die Wissenschaft weitergeben, bis der Untergang vorbei ist", sagte ein zweiter.

„Nein, denn Menschen können degenerieren, und sogar Weise können die gute Sache verraten", sagten die anderen.

Da ergriff der Älteste das Wort und sagte: „Eines wird nicht untergehen, solange es Menschen gibt – und das ist die Sünde. Wir wollen unser Wissen in einem Kartenspiel verbergen. Der Mensch wird immer spielen, würfeln und mit dem Kartenspiel in der Hand betrunken werden. Wenn dann nach vielen Generationen wieder Weise geboren werden, wird es mit Sicherheit jemanden geben, der das Geheimnis in dem alten Spiel entdeckt!"

So geschah es, und so entstand das Tarot, dessen wichtigster Teil die zweihundert großen Arkana sind, die den Weg des Menschen angeben.

Manche denken, dass die Karten hebräischen Ursprungs sind, und weisen auf die Verwandtschaft zwischen den Worten *Tarot* und *Thora*, die Lehre, hin. Eines ist gewiss: Es hat seit undenklichen Zeiten ein Zusammenhang zu den Zigeunern bestanden, die das Spiel benutzten, um gegen Geld die Zukunft vorauszusagen, doch das ist eine deutliche Degeneration. Das alte Ziel war die Selbsterkenntnis. Es gibt noch so ein uraltes, zusammengesetztes Symbol, und das ist mit Sicherheit hebräischer Herkunft. Es besteht aus zehn Gliedern, *Sephiroth* genannt, die auf eine bestimmte Weise arrangiert werden müssen. Das Wort bedeutet einfach „Ziffern“. Die zehn Sephiroth sind mit zweiundzwanzig Verbindungskanälen miteinander verbunden, die mit den zweiundzwanzig Buchstaben des hebräischen Alphabets übereinstimmen, aber *auch* mit den zweiundzwanzig großen Arkana. Es ist sogar so, dass auf jeder Karte ein hebräischer Buchstabe steht, so dass die Verbindungspfade zwischen den zehn Sephiroth nicht nur durch einen hebräischen Buchstaben mit seiner eigenen Symbolik gekennzeichnet werden, sondern mit einer Trumpfkarte auch eine bestimmte Farbe oder eine bestimmte Färbung bekommen können. Ich werde Ihnen ein Beispiel dafür nennen.

Die mittlere Säule des „Lebensbaum-Symbols“ hat vier Zentren:

Kether:	Krone	Nr. 1	auf dem sogenannten „Lebensbaum“,
Tipheret:	Schönheit	Nr. 6	auf dem Lebensbaum
Yesod:	Fundament	Nr. 9	auf dem Lebensbaum
Malkuth:	Königreich	Nr. 10	auf dem Lebensbaum

Diese Zentren liegen in vier Welten. Malkuth ist unser sichtbares Weltall, Yesod der unsichtbare Hintergrund des Sichtbaren, in der christlichen Tradition der 1. Himmel.

Tiphareth liegt in einem höheren unsichtbaren Reich, aus dem die Schöpfungsgedanken kommen – in der christlichen Tradition der 2. Himmel.

Kether liegt in einer noch höheren Welt, der höchsten für uns denkbaren, im Judentum „die Welt in Gottes Schatten“ und im Christentum als der 3. Himmel bezeichnet.

Diese vier Zentren sind durch drei Pfade miteinander verbunden, und drei der zweiundzwanzig Arkana gehören zu diesen Pfaden. Ich werde sie im Folgenden skizzieren.

Kether

Pfad 3: Gekrönte Frau, genannt „Herrscherin“

Tiphareth

Pfad 16: Der Teufel. Ein gehörnter Teufel auf einem Thron mit einem Mann und einer Frau in Ketten zu seinen Füßen.

Yesod

Pfad 22: Der Narr. Ein hübsch herausgeputzter junger Mann, ein Wanderer mit Stab und Rucksack, am Rande eines Abgrundes. Ein kleines weißes Hündchen springt um ihn herum.

Malkuth

Die Herrscherin Der Narr Der Teufel

Die Tarotkarten
Die Herrscherin, auf dem Pfad zwischen Kether und Tiphareth
Der Teufel, auf dem Pfad zwischen Tiphareth und Yesod
Der Narr, auf dem Pfad zwischen Yesod und Malkuth

Die Herrscherin

Diese befindet sich oft unter der Krone, die den ersten großen Impuls des Schöpfers darstellt. In allen alten Traditionen wusste der Mensch, dass die Gottheit eine weibliche Seite haben muss. Dies wird in der Schöpfungsgeschichte in der Bibel deutlich gemacht mit den Worten (1. Mose 1, 27): „Und Gott schuf den Menschen ihm zum Bilde, zum Bilde Gottes schuf er ihn, und schuf sie, einen Mann und ein Weib.“ Da das Ebenbild Gottes männlich und weiblich ist, muss die Gottheit das auch sein. Beim Judentum wird der Teil der Gottheit, der mit dem Menschen in die Verbannung geht, *Schechina* genannt, und diese ist weiblich. Die Katholische Kirche kennt Maria als Himmelsgöttin.

Dies ist mit dem *dritten Pfad* und der *Herrscherin* gemeint. Ein Mensch kann sich nicht harmonisch entwickeln, wenn er den Gegenpol in sich selbst nicht kennt, beim Mann die weibliche, bei der Frau die männliche Seite. Die völlige Gleichwertigkeit von Mann und Frau lag von Beginn an fest – glücklicherweise nicht ihre Gleichheit, denn dann wäre dies eine ganz schön öde Welt.

Obwohl es natürlich gehörige Ausrutscher gegeben hat, hat die jüdisch-christliche Kultur, im Vergleich zu anderen Religionen, nicht gegeizt, was die Ehrfurcht vor der Frau betrifft, und das steht in ihrem heiligen Buch geschrieben.

Tiphareth ist das Zentrum des Guten im großen ‘Komplex-Symbol’, dem Lebensbaum.

Es befindet sich genau in der Mitte zwischen der Gottheit oben und dem irdischen Menschen unten.

Traditionell wird hier Christus platziert, er, der sowohl Gott als auch Mensch ist – der große Mittler.

Der Teufel

Zwischen diesem Zentrum und der Welt von Yesod steht der *Teufel*. Dies ist auffällig.

Dante positioniert in seiner „Göttlichen Komödie“ den Teufel in der tiefsten Hölle, also im Baum des Lebens unter Malkuth, unserer materiellen Welt. Das ist ungerecht. Hier sehen wir ihn in der Himmelswelt, was sowohl mit dem Alten als auch mit dem Neuen Testament besser übereinstimmt. Im Alten Testament sehen wir im Buch Hiob, wie sich alle Söhne Gottes um ihn versammeln, und der Teufel ist auch dabei. Im Neuen Testament erzählt uns Paulus, dass wir nicht mit Fleisch und Blut zu kämpfen haben, „sondern mit den bösen Geistern unter dem Himmel“ (Epheser 6, 12).

Die Tarotkarte mit ihrem an den Teufel geketteten Ehepaar erinnert uns daran, dass für den Menschen ein Vorankommen auf dem Weg nicht möglich ist, solange er in sich selbst durch niedrige Begierden und Egoismus versklavt ist. Er muss davon erlöst werden, sonst bleibt er nicht viel mehr als ein Tier, das sprechen kann.

Den Teufel sieht man derzeit – wenn man überhaupt noch über ihn nachdenkt – als einen etwas lächerlichen Kerl in einem roten Trikotanzug, mit kleinen Hörnern, einem schwarzen Ziegenbart und Hufen. Diese Karte erinnert uns jedoch daran, dass das Böse ein reeller und vortrefflicher Widersacher auf dem Weg ist. Sein größter Trumpf in dieser Zeit besteht darin, uns glauben zu lassen, dass es ihn gar nicht gibt. Andererseits sehen wir, dass er eine Funktion hat, etwas, was in einigen streng-christlichen Kreisen übersehen wird.

Yesod ist die Gussform dieser Welt. Der Mensch beginnt, diese langsam wiederzufinden. Rupert Sheldrake beschreibt diese Welt mit Hilfe seiner *morphogenetischen Felder*, in welchen der Gedanke die Form modelliert und der Geist folglich der sichtbaren Form vorangeht. Platon hatte sich in seiner Gedankenwelt schon damit befasst. Die neue Quantenphysik baut darauf auf. Wenn man im Winter sogenannte Eisblumen am Fenster sieht, dann sind diese ein Abdruck der unsichtbaren Matrix dieser sichtbaren Welt. Wir betrachten nun den Pfad zwischen dieser Welt und Malkuth, unserer sichtbaren Welt. Ein Engel, der aus der Unsichtbarkeit hier erscheint, wandelt diesen Pfad entlang nach unten. Jemand mit einer Nahtod-Erfahrung steigt diesen Pfad entlang nach oben.

Der Narr

Warum finden wir hier den Narren, oder den 'Gaukler', wie er auch genannt wird?

Wenn ein Mensch ganz auf die Welt der Sinne fixiert ist und nur das glaubt, was er sieht, dann mag so ein Mensch reich, mächtig und gesund sein, aber im Grunde ist er ein Narr, gefangen auf dieser Erde und auf dem Weg in den Abgrund. Wenn sich der Mensch wirklich auf den geistigen Weg macht, der für den Menschen bestimmt ist, kommt der positive Aspekt dieser Karte zum Vorschein.

Es ist der Mensch, der sich dessen bewusst ist, dass er ein Pilger auf Erden ist. Er oder sie kann Besitz haben, doch wenn er Geld hat, dann hat *er* Geld, doch das Geld hat *ihn* nicht. Dieser Mensch ist sich der Vergänglichkeit dieses Seins bewusst und weiß, dass man am Ende nichts mitnehmen kann.

Ein grobschlächtig wirkender Mann meldete sich als Lehrling bei einem Zen-Meister. Dieser warf einen Blick auf ihn, machte eine Verbeugung und sagte: „Sie sind ja schon angekommen. Sie brauchen mich nicht."

Höchst überrascht sagte der Mann, dass er kein Training absolviert habe.

„Was ist Ihr Motto in diesem Leben?", fragte der Zen-Meister.

„Mein Beruf ist Schwertfechter. Ich lebe schon jahrelang so, dass ich weiß, dass jeder Augenblick mein letzter sein kann."

Der Zen-Meister lächelte: „Das ist es, was ich meine."

Der Narr hat nur ein ganz kleines Rucksäcklein bei sich. Er achtet die Torheit Gottes mehr als die Weisheit der Menschen.

Hieronymus Bosch hat ihn in seinem meisterhaften Gemälde gezeichnet, das im Volksmund „Der verlorene Sohn" heißt, in Wirklichkeit jedoch den Menschen am Ende seines Lebens als Landstreicher zeigt. Er verlässt sein verfallenes Haus (im Hintergrund) und beginnt mit einem Ranzen voller Erfahrungen die Suche nach dem Haus des Vaters.

Corrie ten Boom, die weltberühmte Evangelistin aus Haarlem, die als eine der wenigen im Konzentrationslager Ravensbrück überlebte, bezeichnete sich selbst als „Tramp for the Lord" – „Weltenbummlerin für den Herrn".

Auch der Name „Gaukler" ist gut gewählt. Menschen, die einen Umweg genommen haben und sich auf den Rückweg machen, sind weder todernst noch laufen sie mit finsterer Miene in dunkle Farben gehüllt herum oder lächeln säuerlich. Sie sind voller Selbstironie, und manchmal schauen sie ausgesprochen verschmitzt aus der Wäsche. Miesepeter findet man unter den Diktatoren, den Bürokraten oder den Finanzmoguln. Sie sind von einer enormen Einheitlichkeit. Heilige dagegen sind so unterschiedlich und faszinierend wie die Schöpfung selbst (Ich paraphrasiere hier C.S. Lewis).

Ich glaube daher, dass das Tarot ursprünglich dazu bestimmt war, den Menschen zu helfen, die tiefen Wahrheiten ihres Glaubens besser zu verstehen. Man vergisst gegenwärtig aber allzu leicht, dass es Zeiten gegeben hat, in welchen es noch keine Computer und sogar nicht einmal die Buchdruckkunst gab. Ganze Teile der Bibel wurden in die Kirchen gemalt, nicht als

Dekoration, sondern als Anleitung. Der Mensch brauchte also Gedächtnisstützen, um sich an wichtige Einsichten dauerhaft zu erinnern. Die beste Methode hierfür bestand in Bildern, denn diese blieben besser hängen als Worte. Ich denke, dass die Tarot-Bilder eine Art *Glaubensenzyklopädie* darstellten.

Vielleicht haben die Menschen die Karten später noch auf eine andere Weise benutzt. Wenn sie in ihrem Leben ein Problem verstehen wollten, dann zogen sie blind eine Karte, vergleichbar dem Werfen von Münzen oder Schafgarbenstängeln beim I Ging.

Sie versuchten, eine Frage so deutlich wie möglich zu formulieren, ließen dann den Zufall darauf einwirken und zogen eine Karte, die ihnen Erkenntnisse vermittelte.

In jüdischen Gemeinschaften in Polen geschah etwas Ähnliches. Wenn ein Student der Thora beim Versuch, einen Text zu verstehen, einmal so richtig steckenblieb, lief er zur jüdischen Schule und wartete am Ausgang. Dann sprach er das erste Kind an, das er sah, und fragte: „Welchen Vers aus der Thora musstet ihr heute auswendig lernen?" Der Vers, den das Kind ihm dann nannte, war meist die Antwort, die er gesucht hatte. Was letztendlich geschah, war, dass die Karten zum weltlichen Nutzen eingesetzt wurden. Zwielichtige Wahrsager sagten gutgläubigen jungen Mädchen einen reichen Mann, ehrgeizigen Jünglingen bisher nicht gekannte Stärke oder älteren Männern neue Potenz voraus und brachten damit das System in Misskredit.

Mit der Astrologie war Ähnliches passiert. Wie Bullinger im 19. Jahrhundert entdeckte, war das System des Tierkreises ursprünglich eine Datenbank gewesen, die die Geschichte vom Sündenfall und der Erlösung des Menschen erzählte. Das System ist wahrscheinlich uralt und stammt aus der Zeit von Erzvater Seth, doch es wurde im alten Babylon entstellt und zu einer Quelle des Götzendienstes und der leeren Prophezeiungen umfunktioniert.

Als diese Degeneration auftrat, hat sich das bis heute hilfreiche Phänomen des schöpferischen Zufalls mit Sicherheit zurückgezogen. Tarot und Astrologie waren zu leeren Hülsen geworden – zum Terrain für viele Scharlatane, die mit Pseudo-Prophezeiungen schnell Geld verdienen wollten.

Doch dies war nicht alles, was geschah. Ein Rest von Kraft blieb in den alten Systemen sitzen, und wenn man sie für egoistische Zwecke benutzte, konnten sie manchmal gemein zurückschlagen.

In den Dreißiger Jahren fand ein Astrologie-Kurs statt. Daran nahmen unter anderem auch zwei junge Männer teil, die sich sehr eifrig hervortaten. Doch als der Kurs vorbei war, schlugen sie einander grinsend auf die Schulter und riefen vor allen Kursteilnehmern aus: „Und nun ziehen wir zusammen los und machen das große Geld!"

Beide starben innerhalb eines halben Jahres, der eine bei einem Unfall, der andere an einer Krankheit.

Dies ist natürlich ein extremes Beispiel, das mir von jemandem erzählt wurde, der selbst dabei gewesen war (W. Koppejan). Doch alten Systemen, die mit dem Phänomen Zufall im Bunde standen, darf man nicht mit gleichgültiger Banalität begegnen. Das kann sowohl für denjenigen, der einen Rat erteilt, als auch für den, der ihn empfängt, schädlich sein.

Depressionen, Obsessionen und sogar echte Besessenheit können vorkommen. Man sieht auch manchmal, dass Praktiker auf eine solche Methode derart fixiert sind, dass sie richtiggehend davon versklavt werden können. Sie drehen völlig durch und können keinen Schritt mehr tun, bevor sie nicht erst ein Horoskop erstellt oder das Schafgarbenstängel-Orakel um Rat gefragt haben. Eine fanatische Glut lodert in ihren Augen, und es ist nicht ratsam, mit ihnen darüber zu sprechen. Sie sind unmerklich Sklaven eines eisenharten Meisters geworden.

Dies ist wahrscheinlich der Hauptgrund dafür, weshalb die Kirchen vor diesen Systemen warnten, weil sie deren Opfer sahen. Man sollte niemals ein Hochspannungskabel anfassen, wenn man nicht isoliert ist.

Ich selbst glaube, dass mit der Geburt von Jesus Christus alle diese magischen Systeme der Antike veraltet sind und dass sie, ebenso wie die Sterne verblassen, wenn die Sonne aufgeht, den größten Teil ihrer Gültigkeit verloren haben und nun hauptsächlich noch historischen Wert besitzen.

Freilich ist es interessant zu erforschen, wie die Welt des Zufalls durch die Jahrhunderte hindurch wiedererkannt wurde, überall dort, wo Menschen lebten, und wie der Mensch versucht hat, diese zu benutzen, um im verwirrenden Labyrinth unseres schwierigen irdischen Daseins so manchen Wegweiser zu finden.

Ich bin nicht der Meinung, wie sie in evangelischen Kreisen herrscht, dass diese Systeme vom Teufel erfunden worden sind, um den Menschen in die Irre zu führen. Ursprünglich halfen sie uns als Führer in einer düsteren Welt und als Stütze gegen ein schwaches Gedächtnis. Ich glaube schon, dass sie ganz früh falsch verwendet – selbst das Alte Testament warnt bereits davor – und pervertiert wurden. Auf diese Weise kann das Böse an und für sich neutrale Hilfsinstrumente immer für eine böse Absicht einsetzen. Man kann mit einem Hammer genauso gut einen Nagel oder einen Kopf einschlagen – der Hammer an sich ist weder gut noch schlecht.

Wollen wir nie vergessen, wie die Kirchenoberhäupter des 16. und 17. Jahrhunderts die christliche Botschaft der Liebe, Vergebung und Erlösung durch ein System der Folter und des Mordens während der Inquisition ins Gegenteil verkehrten. Wollen wir auch nicht vergessen, dass in den Dreißiger Jahren des 20. Jahrhunderts Priester die Flugzeuge segneten, die auf Geheiß von Mussolini Senfgas auf die Bevölkerung von Abessinien sprühten, die größtenteils noch in der Steinzeit lebte. Auch die Kirche hat positive Symbole missbraucht.

Doch darum geht es in diesem Buch ja nicht. Ich möchte nur nachdrücklich betonen, dass Dinge nicht das Instrument des Teufels sind, sondern dass es der Mensch ist, der die Dinge einsetzt. Korruption, Ausbeutung und Missbrauch sind menschliche Eigenschaften. Der Axt die Schuld dafür zu geben, dass sie zur Streitaxt wurde, ist kindisch.

Daher ist das Studium spontaner, ungezwungener Zufälle wichtig. Es steckt darin eine Frische, eine Freude, ein Prickeln wie im Frühling nach dem Winter oder beim Regen nach einer Zeit der Dürre. Das Studium des Zufalls verbindet uns wie ein Baum, der immer vor Vitalität strotzt.

8

Der Mensch – ein Spieler

Die Schöpfung legt eine gewisse Verspieltheit an den Tag, und wir Menschen sind nun einmal ihre Zielscheibe. Daten, Zahlen, Namen – man kann es sich gar nicht so verrückt ausdenken, wie der Zufall damit jongliert.

In unserer düsteren Kultur wird von den Gelehrten im Schein der grimmigen evolutionären Notwendigkeit alles materialistisch erklärt. Die Evolutionstheorie ist das Heiligtum der Wissenschaft, doch Menschen, die so argumentieren, verpassen viel.

Ich habe das Gefühl, dass die, die wir um uns herum sehen, einfach so geschaffen wurden, weil der Schöpfer seine Freude daran hat.

Otter lieben es, in den Schnee eine Rutschbahn zu bauen, die im Wasser endet. Die ganze Familie rutscht ausgelassen hinab, wie Kinder im Vergnügungspark. Das ist „förderlich für eine gesunde Muskelentwicklung", sagt der calvinistische Evolutionstheoretiker und verzieht dabei das Gesicht so wie der Pfarrer, wenn er über die Sünde spricht. Könnte es nicht sein, dass sie es einfach aus Jux und Tollerei tun?

Stare lieben es, andere Vögel nachzuahmen. Ich kannte einen, der in der Dachrinne die wunderlichsten Klänge hervorbrachte, und als ich dann suchend nach oben schaute, blickte mir ein Krähenauge mit einem Ausdruck entgegen, als würde der Vogel mich absichtlich zum Narren halten. Während ich dies schrieb, stand in der Zeitung ein Artikel über einen Star, der perfekt die

Alarmanlage eines Autos nachmachte und jedes Mal wieder den Besitzer aufschreckte. (De Telegraaf, 5.5.07)

Hunde lachen, junge Kätzchen ärgern ihre Mütter, indem sie sie am Schwanz ziehen. Ja, ich weiß, dass dies sozusagen anthropomorphisch (aus der Sicht des Menschen argumentiert) gedacht ist; aber was hat man nicht selbst für ein Vergnügen daran, ihnen zuzusehen.

Alle diese wundersamen, bizarren und sogar humoresken Formen! Das Gesäß eines Pavians mit seiner roten Sitzfläche stammt doch geradewegs aus einem Kostümverleih! Das Schnabeltier ist so, wie es ist, vom Abfallhaufen von übrig gebliebenen Ersatzteilen aus der Schöpfungswerkstatt gekommen. Das Faultier schaut uns mit einem Gesicht an wie Stan Laurel (Sie wissen schon, der Dünne von „Dick und Doof").

Wir brauchen uns folglich nicht zu wundern, dass die Verspieltheit der Schöpfung auch bei Zufällen ständig mit im Spiel ist – ein Phänomen, das bei der Originalität der Schöpfung immer wieder Pate steht. Machen Sie sich auf Purzelbäume und Kapriolen gefasst. Jeder kennt beispielsweise Namen, die wunderbar zum Beruf ihres Trägers passen.

In Haarlem gab es früher zwei Bestattungsunternehmer. Der eine hieß 'Kerkhoff' („Kirchhof"), der andere 'Rustige' („Ruhig"). Letzterer saß in meiner Praxis. Als ich ihm während der Sommerferien begegnete und ihn fragte, wie es ihm denn so ginge, antwortete er mit fester Stimme: „Ruhig, Doktor. Alle Ärzte sind im Urlaub."

Viele Jahre lang dachte ich, dass er einen kleinen Scherz gemacht hatte, bis in Los Angeles ein Ärzte-Streik ausbrach, der sich über viele Wochen hinzog. Die allgemeine Sterblichkeitsrate in der Bevölkerung sank drastisch und erholte sich erst wieder nach Beendigung des Streiks. War der Grund hierfür vielleicht, dass ein bekannter Arzt in der Region 'De Dood' („Der Tod") hieß? Ein orthopädischer Chirurg, ein ganz guter, hieß „Botman" („Fährmann").

Im Marienstift, einem der Krankenhäuser in Haarlem, gab es zwei Urologen, Dr. Van Beek und Dr. De Wringer. Ich habe meine Patienten übrigens niemals so ausgewählt, dass ich diejenigen mit Inkontinenz zu Van Beek („Von Bach"), und diejenigen, die mit dem Urinieren Schwierigkeiten hatten, zu De Wringer („Der Drücker") geschickt habe …

Es gibt eine internationale Vereinigung von Wissenschaftlern, die „International Society for Fluoride Research" („Internationale Gesellschaft zur Fluoridforschung"), die seinerzeit von George Waldbott, einem Internisten, gegründet worden ist.

Sie geben eine Broschüre heraus, in der der Wahnsinn der Trinkwasserfluoridierung, der in englischsprachigen Ländern immer noch wütet, regelmäßig angeprangert wird. Hauptredakteur des Blattes ist ein Zahnarzt namens Bruce Spittle, also „Bruce Speichel".

Auch Daten spielen manchmal „Fangen" mit uns.

Am 28. September 1995 standen zwei neue Kinder auf meinem Terminplan.

Die Erste, die wegen wilden und unkontrollierbaren Verhaltens kam, war am 15.5.1990 geboren.

Die Zweite, die wegen wilden und unkontrollierbaren Verhaltens kam, war am 14.5.1990 geboren.

Ein doppelter Zufall also. Die Beschwerden wurden wieder einmal durch übermäßigen Zuckerkonsum, künstliche Farb- und Geschmacksstoffe, fluorierte Zahnpasta und nicht richtig verkraftete Impfungen verursacht.

Neue Patienten lasse ich immer erst einen Brief mit einer Beschreibung ihrer Krankheiten verfassen. Wir litten oft unter langen Wartelisten. Wenn sich plötzlich irgendwo eine Lücke auftat, dann rief meine Assistentin sofort Patienten von der Warteliste an, um sie zu platzieren.

Am 29.5.1997 war aufgrund von Absagen eine etwas größere Lücke entstanden, was meist während einer Grippe-Epidemie vorkam. Meine Assistentin setzte zwei neue Kinder hintereinander, um zwei Uhr und um halb drei Uhr nachmittags. Als sie die Karteikarten für die Patienten ausstellte, wurde ihr leicht schwindelig, und sie glaubte, einen Fehler gemacht zu haben (was äußerst selten geschah).

Adresse Kind 1: Graan voor Visch 11 in Vijfhuizen.

Adresse Kind 2: Graan voor Visch 12 in Vijfhuizen.

Als an jenem Nachmittag das erste Kind ging, kamen ihm und seiner Mutter das zweite Kind mit dessen Mutter entgegen. Die Kinder kannten einander und spielten miteinander, doch die Mütter wussten nichts vom Termin der anderen und hatten noch niemals über mich gesprochen.

Als meine Mutter gestorben war, mussten wir das Haus ausräumen, in dem sie sechsundvierzig Jahre lang gelebt hatte. Am 29. September 1981 (man beachte das Datum) mussten wir ein Zimmer sanieren, in dem sie ihre alten Koffer aufbewahrt hatte, von welchen sie niemals einen weggeworfen hatte. Recht schnell stand der Garten hinter dem Haus mit zahlreichen angeschimmelten Koffern, Taschen, Hutschachteln und sogar einem Hutkoffer voll. Ich machte sie alle auf, fand jedoch keine verborgenen Schätze. Nur eine alte, vergilbte Zeitung, die so alt aussah, dass ich sie mit nach Hause nahm. Dort entdeckte meine Frau, dass es eine Zeitung vom *29.* September 1945 war, drei Monate nach Kriegsende, *auf den Tag genau* 36 Jahre alt. Oberflächlich betrachtet eine Wahrscheinlichkeit von 1 : 365, doch das ist nicht korrekt. Die Wahrscheinlichkeit, dass eine alte Zeitung in diesem Koffer lag, war nämlich ganz klein, und dann kommt man auf eine astronomisch kleine Zahl. Nein, es war ein echter Zufall.

Manchmal habe ich den Zufall im Verdacht, dass er sich mit uns Streiche erlaubt.

Im Juni 1989 hatten wir bei Salernes in Südfrankreich ein Appartement gemietet. Der Besitzer renovierte Ruinen von alten Bauernhöfen und machte daraus Appartements für Touristen.

Am 28. Juni, meinem Geburtstag, sagte ein Engländer namens Fred zu mir: „Heute Abend werden wir eine Geburtstagsparty feiern!“ Ich schaute den Mann mit leichtem Befremden an. Wie wusste er um Himmels willen, dass ich Geburtstag hatte? Und was war er nur für ein netter Mann, dass er für mich eine Party organisierte!

Meine Frau, immer die Praktischere von uns beiden, sagte später: „Er meint natürlich seinen eigenen Geburtstag.“ Nun, dem schien auch so zu sein.

Fred war in der Tat ein ganz netter Mann, der überdies auch eine gehörige Portion Hobbit-Blut in den Adern gehabt haben muss; denn wie wir aus „Herr der Ringe“ wissen, machen Hobbits an ihrem eigenen Geburtstag jedem ein Geschenk. Fred, assistiert von seiner charmanten Cynthia, tat das ebenfalls. Wir hatten folglich eine tolle doppelte Geburtstagsparty.

Ein Jahr später kehrten wir in dasselbe Appartement zurück. Durch Freds gutes Beispiel im Vorjahr angeregt (er war in diesem Jahr nicht da), sagte ich zu den freundlichen Dänen Thorben und Renate, die das Appartement neben uns bewohnten: „Heute Abend gibt es eine Geburtstagsparty!“

Thorben schaute mich etwas misstrauisch an. Nach einigem Zögern, mit vielen Pausen und Umwegen, fragte er, ob ich irgendwie in seinen Ausweis geschaut hätte.

Als ich ihm versicherte, dass dem nicht so war, entspannte er sich. Wie sich herausstellte, hatte er am 28. Juni Geburtstag und gedacht, dass ich eine Party für ihn organisieren wollte, genau so, wie ich es im vergangenen Jahr von Fred geglaubt hatte.

Wieder hatten wir mit allen Appartement-Bewohnern ein herrliches Fest, bei dem die französischen Besitzer natürlich anwesend waren.

Wie suche ich mir das genau so aus? Natürlich gar nicht, sondern der Zufall lachte sich ins Fäustchen und freute sich darüber, wieder einmal eine Menge Menschen glücklich gemacht zu haben.

Als Abschluss zum „Thema Datum“ folgende Geschichte. Wichtige Daten neigen dazu, in Familien wiederholt vorzukommen. Ein Beispiel: An einem bestimmten Tag im Jahr heiratete Jan, verstarb Tante Margriet und Oma hatte Geburtstag. Am 3. Juli 1943 wohnte ich bei meinem Freund Gerrit in Vinkenduin bei Vogelenzang. Etwas Sonderbares umgab jenes Haus, denn als alliierte Bombenwerfer Köln bombardierten, stand das Haus bebend auf seinen Grundmauern und gab ein seltsames summendes Geräusch von sich. Scheinbar erreichten longitudinale Schwingungswellen das Haus über die Erde. Es war ein schauriges Erlebnis. Wir hörten es buchstäblich in Köln donnern, und am nächsten Tag bestätigte BBC fortwährend, dass Köln wieder heimgesucht worden war.

Das hörten wir über unsere gut versteckten Radios. Eines schönen Sommerabends, am *3. Juli* 1943, sagte Gerrit zu mir: „Ich werde dir dieses schöne Mädchen zeigen, von dem ich dir erzählt habe. Komm‘ mal mit. Es lohnt sich.“ Wir wanderten also zum nahe gelegenen Woestduin, wo ich die hochgepriesene Dame im Glashaus antraf. Ich war von Gerrits Geschmack nicht besonders beeindruckt. Doch dann kam ihre jüngere Schwester herein. Sie sollte auf das Kennemer Gymnasium gehen, von dem ich gerade kam, und ich imitierte alle Lehrer für sie. Ein toller Spaß. Am *3. Juli* 1948 absolvierte sie das Abitur am Kennemer, exakt fünf Jahre nach unserer Begegnung.

Ich heiratete sie, wir bekamen fünf Kinder, und am *3. Juli* 1959, exakt elf Jahre nach unserer ersten Begegnung, wurde unsere Tochter Elisabeth geboren.

Viele andere haben dieses Zusammenfallen von Daten in Familien festgestellt. Wir sind in ein Ehrfurcht erweckendes Muster eingebettet.

Und dann – Zahlen! Sir James Jeans, der große Natur- und *Sternenkundler* („The Mysterious Universe“, „Der Weltenraum und seine Rätsel“, Seite 137): „Wir kommen zu dem Schluss, dass das Universum ein Universum eines Gedankens ist. Es ist ein Gedanke im Geiste eines mathematischen Denkers.“

Wenn dem so ist, dann stimmt das mit der modernen Wissenschaft überein. Man denke an das System, nach dem unsere Elemente aufgebaut sind, das sogenannte Periodensystem, das nach Zahlen geordnet ist: 1 (Wasserstoff), 2 (Helium) und dann aufsteigend bis 92 (Uran) und noch ein klein wenig weiter. Oder man denke an das DNS-Molekül, das auf der einfachen Zahl 4 aufgebaut ist und die Vererbung in der gesamten lebenden Natur bestimmt.

Ist es dann ein Wunder, dass der Zufall gern mit Zahlen zaubert? Dass der Zufall so offensichtlich aus der unsichtbaren Welt stammt, die unsere sichtbare Welt erzeugt?

Die Wunder der Zahlen sind so groß, dass ich hier kaum darauf eingehen kann. Daher werde ich ein frappierendes Beispiel anführen, um zu zeigen, wie Zahlen auch in unserem eigenen Leben eine Rolle spielen können. Was ich hier erzählen möchte, habe ich von Friedrich Weinreb erfahren, einem genialen jüdischen Gelehrten, der mich aufgeklärt hat, vieles aus dem Alten Testament zu verstehen.

Er kam aus einer langen Tradition chassidischer Juden, die bestimmte Zahlenlehren vom Vater auf den Sohn weitergegeben hatten. Die hebräischen Gelehrten hatten sich bereits mehr als dreitausend Jahre mit den Zahlenwundern in ihren heiligen Schriften befasst (Altes Testament und mündlich überlieferte Lehre, die später, ungefähr fünfhundert Jahre vor Christus, ebenfalls aufgeschrieben wurde).

Nach dem Krieg fand Weinreb in Wenen, in einem Keller, zu seiner großen Freude seinen Großvater wieder, der den Krieg überlebt hatte und ihm alles erzählte, was er wusste. Aus diesem Schatz hole ich hier eine Perle hervor.

Wie kamen die alten Israeliten eigentlich zu ihrer Zahlenlehre?

Das kam dadurch, dass jeder hebräische Buchstabe zugleich auch eine Zahl war.

Der erste Buchstabe Alef = 1, der zweite Beth = 2 usw. bis Jod = 10. Der nächste Buchstabe Kaf = 20, dann Lamed = 30 usw. bis Koph = 100. Der dann folgende Buchstabe Resh = 200, Shin = 300 und der letzte Buchstabe Tau = 400.

So konnte man von allem, was einen Namen hatte, auch den Zahlenwert erfahren.

Das Wort „Vater", AB, ist folglich 1 + 2 = 3. Das Wort Shaddai, „Allmächtiger", eine der Bezeichnungen für Gott, ist „Shin + Dalet + Jod" = 300 + 4 + 10 = 314.

Hier lugt wieder das alte Wissen um die Ecke, denn es heißt, dass, als der Schöpfer die Welt erschuf, diese sich von ihm in einem Kreisbogen entfernte. Doch als der Kreis halbrund war und die Welt von Gott wegzuschlingern drohte, rief der Allmächtige sie zurück. Das wird mit den Worten „She-daomer-dai" ausgedrückt: „Er, der ruft: ‚Genug!'" Die ersten Buchstaben der ersten beiden Worte dieses Satzes, /she/ und /d/ sowie der letzte Buchstabe des Wortes „dai", das /i/, bilden das Wort „Shaddai" – „Allmächtig". Das Interessante ist nun, dass der Zahlenwert dieses Wortes, 314, zugleich der Wert der Zahl pi ist, die den Faktor bei der Berechnung eines Kreisumfanges angibt. In jener alten Zeit waren Wissenschaft sowie philosophische und religiöse Erkenntnisse noch eins, ganz anders als zu unserer Zeit, in der sie voneinander isoliert sind, wenn auch die Quantenphysik gerade darum bemüht ist, diese Kluft zu überbrücken.

Behalten Sie dies nun im Hinterkopf.

Als man im 19. Jahrhundert unter dem Einfluss des aufkommenden Materialismus begann, jegliche Tradition und Überlieferung abzubrechen, verriss man auch die Sintflutgeschichte aus Noahs Zeit bis ins Letzte. Alles auf Erden sollte sich äußerst gemächlich über Millionen und Abermillionen von Jahren entwickelt haben – ein Gedanke, der in die behäbige Atmosphäre jenes Zeitalters passte. Seitdem hat sich herausgestellt, dass dieser Planet sowohl ruhige als auch katastrophale Perioden gekannt hat, und man hat auf der ganzen Welt mehr als deutliche Reste von der großen Weltflut gefunden. Es zeigte sich auch, dass alle Völker, selbst diejenigen, die im 19. Jahrhundert als „Wilde" betrachtet wurden und laut Darwins eigenen Worten den Kampf ums Überleben verlieren würden (Gott sei Dank sollte die weiße Rasse natürlich verschont bleiben!), eine Erinnerung an die Flut bewahrt hatten, und sei es oft in mystischen Bildern. Man fand auch überall wieder die Geschichte von einem Mann, der sich mit seiner Familie in Sicherheit bringen konnte und zum neuen Stammvater der Menschheit wurde. Jeder wird Noah aus unserer eigenen Bibel kennen. Das Wort „Noah" ist ein Anagramm des Wortes „Chen", das „Gnade" bedeutet. Im Hebräischen schreibt man „Noah": ‚Nch' und ‚Chen': ‚ChN'. Von ‚Chen' kommt das niederländische Wort *gein* („Spaß, Freude"). Daher der jüdische Spruch: „Wurde Noah verschont, weil er so gut war? Nein, der Ewige Herr hatte Freude (gein) an ihm gefunden." Der Zahlenwert von Noahs Namen: N + Ch = 50 + 8 = 58.

Nun gibt es eine Prophezeiung, die vor zweitausend Jahren von Jesus Christus gemacht wurde. Seine Schüler hatten ihn gefragt, woran sie die Vollendung der Welt erkennen könnten. Dies bezog sich auf die berühmte Endzeit, von der die Propheten des Alten Testaments fortwährend gesprochen hatten. Man kann die Geschichte bei Matthäus 24 nachlesen.

Jesus erzählt daraufhin alles, was geschehen soll, und dass das Ende noch lange nicht kommt, doch dann nennt er plötzlich ein paar Einzelheiten, von welchen ich zwei anführen möchte.

Vers 32: „An dem Feigenbaum lernet ein Gleichnis: Wenn sein Zweig jetzt saftig wird und Blätter gewinnt, so wisst ihr, dass der Sommer nahe ist. Also auch wenn ihr das alles sehet (die Dinge, die er als nahe vor dem Ende beschreibt), so wisset, dass es nahe vor der Tür ist."

Man liest leicht darüber hinweg. Warum der Feigenbaum? Warum nicht der Mandelbaum, der im Mittleren Osten als Erster austreibt, wie bei uns der Pflaumenbaum? Weil der Feigenbaum das Symbol für das jüdische Volk ist. Dieses wurde im Jahre 70 n.Chr. unter dem römischen Feldherrn Titus nach der schrecklichen Belagerung von Jerusalem in die Verbannung geführt. Das Exil war beendet, sobald der jüdische Staat, genannt Israel, 1948 gegründet worden war. Der Feigenbaum begann wieder auszutreiben.

Den zweiten Hinweis aus der prophetischen Rede findet man in Vers 37: „Aber gleichwie es zu der Zeit Noahs war, wird auch sein die Zukunft des Menschensohnes (Jesus spricht über seine eigene Rückkehr in der Endzeit). Denn gleichwie sie waren in den Tagen vor der Sintflut – sie aßen, sie tranken und ließen sich freien, bis an den Tag, da Noah zu der Arche einging; und sie achteten's nicht, bis die Sintflut kam und nahm sie alle dahin – also wird auch sein die Zukunft des Menschensohnes."

Nun haben die Juden in ihrer Tradition, die Jesus sicher hinreichend bekannt war, gesagt, dass „Noah" für das Ende der Welt steht. Der Zahlenwert von Noah ist 58. Daher sagte man, dass die Welt, so, wie wir sie nun seit Jahrtausenden kennen, im 58. Zeitalter der hebräischen Zeitrechnung zu Ende gehen sollte. Nicht, um dann unterzugehen, so dass nichts übrig bleibt, sondern damit eine neue, gerechte Welt geboren werden kann. Die wichtigsten Katastrophen, sowohl materieller als auch spiritueller Art, die oft großen Umwälzungen vorangehen, wurden von den jüdischen Gelehrten als die „Geburtswehen des Messias“ bezeichnet, denn die Juden glauben, dass in dieser Zeit der Messias kommen wird, so wie die Christen glauben, dass in dieser Zeit Jesus Christus zurückkehren wird. Wann begannen diese letzten Tage, das Zeitalter des Endes? Nach dem hebräischen Kalender begann das 58. Zeitalter im September 1939, in dem Monat, als der Zweite Weltkrieg ausbrach.

Diese recht lange Einführung war nötig, um folgenden Zahlenzufall zu verstehen: Sie erinnern sich an das gelähmte Mädchen, für das ich die Bücher schrieb? Die Geschichten erstreckten sich über mehrere Generationen hinweg, von der Zeit der französischen Revolution bis in die heutige Zeit hinein. Die Heldin des vorletzten Buches heißt Jacqueline, und sie zeigt bestimmte Züge von Maria.

Sie ist Lehrerin, eine dogmatisch-protestantische Frau mit dem Motto: „Wenn die Menschen sich nur an die Zehn Gebote hielten, wären alle Probleme auf der Welt gelöst.“ Die Gerechtigkeit strahlte aus ihren Augen. Dann bringt sie das Motto wieder einmal zur Sprache, und ihr Zuhörer ist ein etwas geheimnisvoller Mann, der bei einem großen Schulfest sagt: „Ich wette, dass Sie innerhalb von zwei Jahren alle zehn Gebote einmal gebrochen haben!“ Sie weist es empört von sich. Doch als er sie *feige* nennt, geht sie auf die Wette ein. Die Geschichte spielt während des Zweiten Weltkrieges. Ohne dass sie es bemerkt, bricht sie tatsächlich ein Gebot nach dem anderen. Wie kam es, dass sie es nicht merkte? Weil die Zehn Gebote eine viel größeres Dimension umfassen, als den meisten Menschen bewusst ist.

„Stehlen“ bedeutet beispielsweise nicht nur, einen richtigen Einbruch zu verüben, sondern auch den Raub einer originellen Idee eines anderen. Zum Beispiel Teile aus dem Buch eines anderen unter dem eigenen Namen zu veröffentlichen – Plagiat also. „Töten“ ist nicht nur die Tat, wenn man einen anderen seines Lebens beraubt, sondern auch eine schwere Beleidigung. Charaktermord oder einen Mordplan zu hegen, fällt spirituell gesprochen ebenfalls unter dieses Gebot.

Jedes Mal, wenn Jacqueline ein Gebot auf diese Weise übertrat – und sie hätte es als Bibelkennerin wissen können, denn Jesus spricht in seiner Bergpredigt über eben diese Dinge – geschah etwas Seltsames mit ihr.

Sie befindet sich plötzlich in einer längst vergangenen Zeit, in der sie vergisst, Jacqueline zu sein. Sie ist Prinzessin Astra, die Tochter eines mächtigen Herrschers im Mittleren Osten. Astra ist genau das Gegenteil von Jacqueline. Sie ist ein wildes Mädchen, das auf die Gebote pfeift, originell und warmherzig zu ihren Freunden. Steht ihr ein Gebot – auch zu jener Zeit gab es Benimmregeln – im Weg, dann bricht sie es, wenn sie nur ihren Willen bekommt.

Als Astra wieder einmal deutlich demonstriert hat, dass sie ein Gebot übertreten hat, kehrt Jacqueline in vollkommener Erinnerung an sich selbst zurück und erkennt plötzlich, dass sie – wenn auch auf subtile Weise – ebenfalls jenes Gebot übertreten hat.

Während sich die Geschichte entfaltet, verlaufen zwei Prozesse parallel zueinander. An Jacqueline wird deutlich, dass ihre Emotionen eigentlich ‘auf Eis liegen’, und langsam spitzt sich die Geschichte zu einer entsetzlichen Krise zu. Astra, ihr alter Ego, wie langsam aber sicher deutlich wird, lebt kurz vor Noahs Flut, die immer näher heranrückt. Eine Art geistiger Riese überschattet Astras Zeit. Es ist ein fremder Mann, der von jedem verspottet wird; der, wohlgemerkt auf dem trockenen Land, ein großes Schiff baut. Sie nennen ihn den „Bootspropheten“.

Schließlich kommt die große Flut. Astra ertrinkt. Zur gleichen Zeit wird Jacqueline von einer bis dahin verborgenen schrecklichen Erinnerung überflutet, die ihre eingefrorenen Emotionen erklärt. Daraufhin verwandelt sie sich in eine Frau, die eine Art

Synthese darstellt, eine neue chemische Verbindung zwischen Astra und ihr selbst. In diesem Jacqueline-Buch tritt bei Astra die echte und bei Jacqueline eine spirituelle, alles umwälzende Flut auf. Immer steht im Hintergrund jener durchdringende Bootsprophet, der nicht namentlich genannt wird, in dem jedoch Noah zu erkennen ist. Noahs Geist beherrscht das Buch.

Ich schrieb *Jacqueline* 1995. 1997 war ich dabei, meine Memoiren zu schreiben, wobei ich ständig meine Tagebücher heranziehen musste. So fand ich den Tag, an dem ich begonnen hatte, *Jacqueline* zu schreiben. Ich fand auch den Tag, an dem das Buch fertig war. Mehr oder weniger zerstreut, schaute ich einmal, wie viele Tage ich darüber gesessen hatte, und plötzlich geriet ich in helle Aufregung und traute beinahe meinen eigenen Augen nicht.

Ich hatte am 7. Juni 1995 um 10 Uhr morgens begonnen, als ich in dem Garten in Südfrankreich saß.

Ich beendete es am 2. August 1995 um 11 Uhr abends in Haarlem in meinem Studierzimmer.

Gemäß der hebräischen Zeitrechnung beginnt ein Tag nicht um 12 Uhr nachts, sondern bei Sonnenuntergang des vorangegangenen Abends.

Wenn ich diese Eigentümlichkeit der hebräischen Zeitrechnung mit einbezog, hatte ich das Buch abgeschlossen, als ich mich um ungefähr zwei Uhr am 58. Tag befand. Das Buch, das von Noah ganz durchzogen war, hatte sich sogar selbst mit seinem Namen signiert.

Das Thema Zufall und Zahlen ist nahezu weltumspannend.

Ich habe Ihnen soeben eine kleine Kostprobe davon gegeben. Lesen wir diese Dinge nun heraus oder stecken sie wirklich so voller Bedeutung?

Sind alle diese Daten, Zahlen oder Namen nur chaotisch verteilt, und messen wir Dingen eine Bedeutung bei, die im Grunde ohne Bedeutung sind? Versuchen wir verzweifelt, im Chaos Ordnung zu schaffen, oder ist das Chaos strukturiert? Was ist Chaos, und gibt es dieses wirklich? Darum geht es im folgenden Kapitel.

9

Eine chaotische Geschichte

Im Mai 1997 hielt ich für meinen flämischen Bibelclub einen Vortrag über das 1. Buch Mose und erzählte meinem Publikum, dass in der ersten Zeile der Bibel („Am Anfang schuf Gott Himmel und Erde“) die drei Eigenschaften der Schöpfung genannt werden, nämlich *Zeit* („Am Anfang“), *Raum* („schuf Gott Himmel“) und *Materie* („und Erde“). Das stammte nicht von mir selbst, sondern von Henry Morris, der dies in „The Genesis Flood“ („Die Sintflut“) schrieb.

Ein Freund von mir fragte mich: „Wie steht es mit dem Ton?“

Das war eine wichtige Frage. Natürlich gab es den Ton, denn sogar noch bevor das Licht erschaffen wurde, geht die Geschichte weiter mit: „Und Gott sprach: ‚Es werde Licht.‘“ Also erst der Ton, dann das Licht.

Ich habe ein herrliches Buch, das ich in den Sechziger Jahren gekauft habe. Es ist voller wunderbarer Fotos, die vom Autor Theodor Schwenk gemacht wurden, und es heißt: „Das sensible Chaos.“ Er zeigt, wie in der Natur immer wieder die gleichen Grundformen vorkommen. Ein Wirbel, der entsteht, wenn man einen Stock in einen rasch dahinströmenden Bach legt, gleicht exakt bestimmten Strukturen der Rinde eines Baumes, und manche Muscheln haben dieselbe Form wie ein Wirbel, wenn man sie unter der Wasseroberfläche betrachtet.

Die beeindruckendsten Bilder sind solche, wo die Tonschwingungen einer Geige, einer Flöte, eines Horns und einer Orgel an einer Flamme sichtbar gemacht werden, die sich jeweils entsprechend verändert, wenn sie einer der Schwingungen ausgesetzt wird. Herrliche Muster erscheinen gleichsam aus dem Nichts und erinnern an anatomische Strukturen, wie die Wirbelsäule und die Luftröhre. Es ist, als schaue man in die Schöpfungsküche, die ans Licht 'gesungen' wird wie ein Lied.

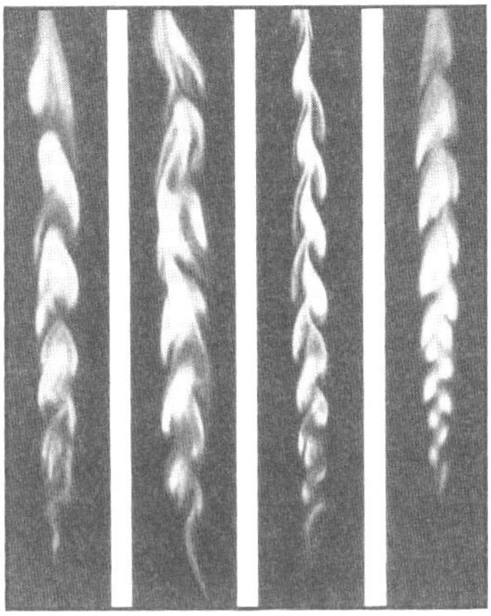

Der Klang verschiedener Musikinstrumente verändert die Form einer Flamme. Geige, richtig angestrichen – Geige, falsch angestrichen – Flöte – Waldhorn.

Bei Johannes heißt es, dass alles durch das Wort erschaffen wurde. Ohne dieses „ist nichts gemacht, was gemacht ist". (Johannes 1,1). Mit einem Blick auf Schwenks Bilder versteht man, dass Johannes kein poetisches oder philosophisches Konzept formulierte, sondern buchstäblich die Wahrheit sprach.

Schwenk war ein echter Pionier einer neuen Sparte der Wissenschaft, die sich in den Sechziger Jahren des letzten Jahrhunderts langsam zu entwickeln begann und als „Chaos-Theorie" bekannt wurde.

Da ein direkter Zusammenhang zwischen Zufall und Chaos besteht, muss ich etwas zur Theorie sagen. Nicht zu viel, denn sie ist so schwer zu verstehen, dass ich sie selbst nur zum Teil verstehe, jedenfalls was den mathematischen Teil betrifft. Ich hatte immer schon Schwierigkeiten mit der Mathematik.

Wenn Sie mehr darüber lesen möchten, dann kaufen Sie sich „Chaos, Making a New Science" („Chaos, die Ordnung des Universums") von James Gleick. Eine wahre Goldmine. Hieraus sowie aus „Raum und Zeit" habe ich die folgenden Fakten entnommen: Wir wollen mit einem berühmten Spruch aus der Chaos-Theorie beginnen.

„Wenn ein Schmetterling heute in Tokio mit den Flügeln schlägt, kann das im nächsten Monat in New York einen Orkan auslösen." Die Vorstellung, die hinter dieser merkwürdigen Aussage steckt, ist Folgende:

Denkt man in der üblichen linearen Denkweise, so braucht man immer mehr Kraft, um einen bestimmten Effekt zu verstärken. Je stärker ich in die Pedale meines Fahrrades trete, desto schneller fährt es auch.

Durch die nicht-lineare Denkweise erkennen wir, dass eine kleine Abweichung am Anfang einen enormen Effekt auf das Endergebnis haben kann. Eigentlich weiß das ja jeder. Ein kleiner Rechenfehler am Anfang, und das ganze Ergebnis ist falsch. Ein Krankenhausbakterium trifft auf ein schwaches Immunsystem, und der Patient schwebt in Lebensgefahr. Eine unvorsichtige Bemerkung, und eine ganze politische Karriere ist zunichte. Ein Stein wird losgetreten und bringt eine ganze Lawine ins Rollen, die ein Dorf unter sich begräbt.

Eines der Axiome der neuen Wissenschaft lautet, dass sehr kleine Faktoren, die einen enormen Effekt auslösen, kein Ausnahmefall und damit im wissenschaftlichen Sinne nicht ohne Belang sind, sondern eine allgemeine Regel darstellen. Schöne lineare Ereignisse zählen eher zu den Ausnahmen. Mit anderen Worten: Unordnung ist die Regel, Ordnung die Ausnahme.

Die neue Lehre von der Quantenphysik bestärkt diese Auffassung.

Die Chaos-Theorie hat natürlich nicht nur Lebensweisheiten bestätigt, die jeder schon kennt. Aus einem Samen, der nicht größer ist als ein Pfefferkorn, wächst der größte Baum der Welt, der zudem am ältesten wird: Sequoia gigantica, der Mammutbaum. Kleine, unscheinbare Fakten lösen ganze Kaskaden an großen Folgen aus.

Welcher Zusammenhang besteht zwischen der Chaos-Theorie und unserem Thema?

Ich habe es bereits erwähnt: Kleine „zufällige" Ereignisse können eine ganze Flut von Ereignissen in Gang bringen, und zwar nicht auf lineare Weise, wie Domino-Steine, die direkt nebeneinander stehen und nacheinander umfallen, wenn man dem Ersten einen kleinen Stoß versetzt, sondern eher wie ein Baum, der sich verzweigt. Gleick zitiert in seinem Buch das bekannte englische Gedicht, das ich hier anfüge:

„Weil ein Nagel fehlte, ging das Hufeisen verloren.
Weil das Hufeisen fehlte, ging das Pferd verloren.
Weil das Pferd fehlte, ging der Reiter verloren.
Weil der Reiter fehlte, ging die Schlacht verloren.
Weil die Schlacht verloren war, ging auch der Krieg verloren."

Dies ist eine negative Verkettung, doch es gibt genügend positive Kettenereignisse in unserem Leben. Indem kleine Augenblicke zufällig in Ihr Leben zu treten scheinen, kann Ihr ganzes Leben durchschlagend verändert werden.

Ich saß anlässlich eines Kongresses zu einem bestimmten medizinischen Thema in Portugal neben einem bekannten Naturheilarzt und Akupunkteur, einem Mitarbeiter des berühmten Dr. A. Vogel aus der Schweiz, Jan de Vries. Er hatte eine gut besuchte Klinik in Schottland.

Nach dem Abendessen sagte er: „Streck' einmal deinen linken Arm aus." Ich tat es, und er versuchte, ihn nach unten zu drücken, aber er schaffte es nicht.

Dann hielt er etwas an meinen Rücken, drückte meinen Arm mit Leichtigkeit nach unten und sagte: „Du kannst Schimmelkäse nicht ausstehen." „Nein", sagte ich. „Das weiß ich. Aber woher weißt du das?"

Er zeigte mir die Hand, die er mir an den Rücken gehalten hatte, in der er ein Stückchen blau durchzogenen Käse aus Frankreich hielt, das am Ende der Mahlzeit serviert worden war. „Ich habe das gegen einen Akupunkturpunkt an deinem Rücken gehalten, und die Muskeln in deinem Arm sind erschlafft."

Das war meine Einführung in die angewandte Kinesiologie, volkstümlich auch „Touch for Health" genannt. Sie wurde zu einer meiner wichtigsten Diagnose-Methoden. Buchstäblich Tausende von Kindern untersuchte ich auf diese Weise und fand Nahrungsmittelunverträglichkeiten, Impfschäden, Vergiftungen durch Schwermetalle und Fluorid – zu viel um alles aufzuführen.

Durch einen kleinen Scherz von Jan lernte ich die Kinesiologie kennen.

Durch die Kinesiologie konnte ich Tausenden von Kindern wieder zu ihrer Gesundheit verhelfen.

Indem ich diesen Kindern geholfen habe, begannen viele Familien, mehr auf ihre Gesundheit zu achten.

Indem viele Familien begonnen haben, gesünder zu leben, ist die allgemeine Gesundheit unseres Volkes ein Quäntchen besser geworden – alles wegen eines kleinen Stückchens Schimmelkäse aus Frankreich.

Man fragt sich, wo so eine Kaskade endet. Handelt es sich hier um normales Glück?

Als Napoleon einen neuen General ernennen musste, befragte er den Soldaten zu seiner bisherigen Karriere. Der Mann gab natürlich mit seiner militärischen Erfahrung schwer an.

Daraufhin fragte Napoleon: „Haben Sie bei Ihren Feldzügen Glück gehabt?"

Als der General antwortete: „Ich habe einige Male ohne mein Verschulden, nur aus reinem Pech heraus, einen Gegenschlag auf dem Schlachtfeld einstecken müssen." Daraufhin sagte Napoleon: „Dann brauche ich Sie nicht, denn Glück ist eine Charaktereigenschaft."

Mit dem Glück hat es in der Tat etwas Besonderes auf sich, denn es funktioniert genauso wie der Zufall.

Shakespeare sagt in seinem Drama Julius Cäsar:
„There is a tide in the affairs of men,
which, taken at the flood, leads on to fortune.
Omitted, all the voyage of their Life
is bound in shallows and in miseries."

Frei übersetzt:
„Es gibt Gezeiten für des Menschen Treiben;
Nimmt man die Flut wahr, führt sie uns zum Glück,
Versäumt man sie, so muss die ganze Reise
Des Lebens sich durch Not und Klippen winden."

Was ist nun eigentlich neu an diesem *Schmetterlingseffekt*? Haben wir ihn nicht schon immer beobachtet? Ja, aber hauptsächlich bei menschlichen Angelegenheiten, nicht bei den Naturwissenschaften. Der *Schmetterlingseffekt* als Teil der Wettervorhersage (die derzeit von der Chaos-Theorie ausgeht) ist eine Neuentwicklung. Das Neue daran ist, dass in unserem Zeitalter der Computer und der superexakten Messungen dieses typische Merkmal für Leben auch bei der sogenannten toten Materie entdeckt wird. Es ist also die Zeit, in der Feen und Zwerge dabei sind zurückzukommen, als würde die Seele wieder in die Natur zurückkehren, aus der sie seit Descartes verbannt worden war.

Im 20. Jahrhundert ist der Schmetterling durch Elisabeth Kübler-Ross verewigt worden. Diese Psychiaterin aus der Schweiz brachte den Wissenschaftlern und Ärzten wieder bei, über den

Tod zu sprechen. Sie hatte dieses Symbol benutzt, seitdem sie sich als 16-jähriges Mädchen nach dem Zusammenbruch des Nazi-Deutschlands plötzlich dazu hingezogen fühlte.

So hatte sie unter anderem das Konzentrationslager Sobibor besucht, wo die meisten niederländischen Juden ermordet worden sind. Sie fand dort die Wände der Schlafsäle übersät mit Zeichnungen von Schmetterlingen, die dort die Kinder am Abend, bevor sie vergast wurden, spontan hineingekratzt hatten – und dies, obwohl sie sich des Schicksals, das sie erwartete, in keiner Weise bewusst waren. Ihre Seelen wussten jedoch sehr wohl, dass sie freigelassen werden sollten.

Als ich Elisabeth in Brügge traf, zeigte ich ihr einen kleinen Laden, in dem man Schmetterlinge kaufen konnte. Sie kaufte fünfzig Stück. Als ich sie fragte, was sie damit denn tue, sagte sie, dass sie mit vielen Kindern in den USA Kontakt hätte, die wegen Leukämie im Sterben lagen. Sie legte die Schmetterlinge ihren Briefen bei. Sie erzählte mir, dass die Kinder nach außen hin meist nicht wussten, dass sie sterben würden, doch anhand ihrer Zeichnungen sah man, dass ihre Seelen es sehr wohl wussten, und dass sie symbolisch nicht nur ihren Tod, sondern sogar dessen Zeitpunkt genau angaben.

Der *Schmetterlingseffekt* vermittelt den Eindruck von Zufälligkeit, doch in Wirklichkeit ist ein geheimnisvolles Lebensgesetz am Werk. Im Leben der Menschen schafft es neue Ereignisse und Möglichkeiten. In der Natur hilft es bei der Anpassung und bei der Sicherung des Überlebens. Ebenso bei Neuschöpfungen, denn ganz neue Dinge tauchen in unserer Welt nicht mehr auf, seitdem die Schöpfung abgeschlossen ist – mit einer Ausnahme, auf die ich jedoch nicht eingehe.

Der Mensch ist natürlich dazu bestimmt, sich geistig immer weiterzuentwickeln. Daher geschehen in unserem Leben auch fortwährend neue Dinge – jedoch nicht im Leben der Spechte, Elefanten und Gorillas. Diese sind vollendete Produkte der

Schöpfung, während wir noch immer modelliert und ziseliert werden, ob wir das nun toll finden oder nicht.

Wenn die Welt keine klar geordnete Struktur wie eine gut geölte Maschine hat, wie die Menschen seit Newton geglaubt haben, wie funktioniert sie dann?

Mandelbrot, der Entdecker der Chaos-Theorie, schöpfte ein neues Wort dafür, das im Grunde „gebrochen" bedeutet – in der Fachsprache als „fraktal" bezeichnet. Natürliche Oberflächen sind niemals glatt, sondern rau. Küstenlinien sind niemals strichgerade, sondern immer voller Buchten und Kaps.

Als ich die Chaos-Theorie studierte, fiel mir auf, dass die bedeutendsten Pioniere dieser neuen Wissenschaft Juden waren. Ein weiteres intellektuelles Genie hieß Feigenbaum, und es gab noch verschiedene andere.

Warum entsprang diese Vorstellung von einer gebrochenen Welt in jüdischen Köpfen?

Oder was ist der „seltsame Attraktor", ein weiterer Begriff aus der Chaos-Theorie?

Seit dreitausendfünfhundert Jahren ist die Thora das Zentrum des jüdischen Lebens gewesen. Welcher ist der erste Buchstabe in der hebräischen Bibel? Das Beth, die Zwei. Dies wird so ausgelegt: „Gottes Einheit wird durch ihn zu Beginn der Schöpfung bewusst gebrochen." Die Schöpfung war ein unfassbares Geschenk.

Die Väter der Chaos-Theorie fanden das wieder, was archetypisch im Judentum verborgen lag – tief im Unterbewusstsein: Das Wissen, dass alles begann, als das Eine (die Einheit) in zwei zerbrach. Sie waren folglich imstande, die Zerrissenheit des Universums zu erkennen, was andere nicht konnten, weil dies Teil ihres geistigen Vermächtnisses war.

Die Menschen, die die Chaos-Theorie entwickelt haben, haben

weniger etwas Neues entdeckt, als vielmehr einer alten Tatsache neues Leben eingehaucht und für moderne Ohren annehmbar formuliert.

Wo besteht der Zusammenhang zu unserem Thema?

Wir werden gleich sehen, dass bei der angewandten Chaos-Theorie unabhängige Zahlenreihen im Computer aufeinandertreffen und dann die prachtvollsten Strukturen bilden.

Bei Zufällen begegnen zwei oder mehr Folgeereignisse einander auf scheinbar zufällige Weise und bilden dann einen prachtvollen Zufall.

Die Frage lautet jetzt: Was veranlasst die Strukturen, ineinanderzugreifen?

Im wahren Leben wissen wir das nicht. Im Fall der Computer können wir sagen, dass der Mensch die Zahlen darin stoppt. Man hat jedoch entdeckt, dass eine dritte, unbekannte Kraft mitspielt. Diese webt aus den Fäden prächtige lebendige Gobelins. Diese Kraft nennt man in der Chaos-Theorie den *seltsamen Attraktor.* Ohne Computer hätte man den *seltsamen Attraktor* niemals entdeckt. Was ich nun beschreiben werde, stammt aus der Feder eines Menschen wie ich, der 1925 geboren ist und durch seine Enkelkinder zu einem echten „Digi-Freak" geworden ist – was heutzutage eine größere Sünde ist, als Analphabet zu sein.

Bestimmte Daten werden in einen Computer eingegeben. Sie stammen aus einem anderen dynamischen System, beispielsweise vom Wasser, das zum Kochen gebracht wurde (Temperatur, Ausdehnung etc.).

Nun werden diese Daten aufeinander losgelassen. Sie werden miteinander multipliziert, der Daten-Output wird wieder als Input benutzt, eine Art „Inzucht". Die Ergebnisse werden auf den Bildschirm projiziert, aber nicht als Zahlenfolgen, sondern in Form von Bildern. Zur großen Verblüffung der Beobachter war das Ergebnis keineswegs ein nicht entwirrbarer 'Schrotthaufen' oder ein Chaos von Streifen, Punkten und grauer Masse.

Wenn der Prozess des Gegenseitig-aufeinander-Einwirkens lange genug fortgesetzt wird, tauchen Bilder von unglaublicher Schönheit auf. Es ist, als sei ein verborgener Künstler am Werk gewesen, der die lose Materie zu traumhaften ätherischen Motiven umgeformt hat. Ist dies ein Ausdruck von Sheldrakes *morphogenetischen Feldern*?

Wir wissen, das diese Dinge im echten Leben fortwährend geschehen. Wenn sich Zellen nach einer Befruchtung ungezügelt vermehren, macht ein verborgener Töpfer aus den Zellen eine schöne Struktur, wie etwa eine Rose, einen Flamingo oder ein kleines Menschenkind.

Bei den Computer-Modellen lässt dieser heimliche Formgeber den Betrachter für einen Augenblick einen Blick von sich erhaschen. Man sieht ihn beinahe, gewissermaßen aus dem Augenwinkel.

Das Apfelmännchen (Fraktal von Mandelbrot)

Vor den Augen des faszinierten Betrachters entfaltet sich ein atemberaubendes Panorama. Sich windende, herrlich gefärbte Tentakeln, die aussehen, als gehörten sie zu einem seltsamen Wesen in einem Korallenmeer, weisen bei näherem Hinsehen an den Rändern neue, fein strukturierte Seitenarme auf.

Das berühmteste Bild ist ein zusammengesetztes Motiv, das Mandelbrot „Apfelmännchen" taufte.

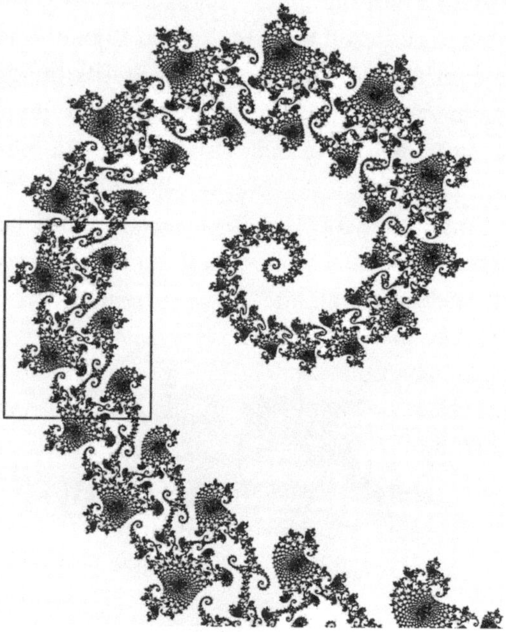

Tentakel (Fraktal von Mandelbrot)

Es tauchte auf, als er eine Zahl verwendete, diese mit sich selbst multiplizierte, die ursprüngliche Zahl hinzufügte, das Ergebnis zurückführte und sich wieder mit sich selbst multiplizieren ließ – und dies Tausende von Malen hintereinander. Nach zehntausend Malen, wobei er jedes Mal sorgfältig die Verästelungen abschnitt, die über den Bildschirm hinauszuwachsen drohten, so dass er alles innerhalb der Begrenzungen des Bildschirms hielt, wie ein Japaner ein Bonsai-Bäumchen formt, kam eine runde Figur zum Vorschein, die an das Michelin-Männchen erinnerte und entlang seiner Ränder kleine Auswüchse zeigte, die sich als Abbildungen seiner selbst erwiesen. Vergrößerte man diese Auswüchse, dann sah man, dass an den Rändern wieder kleine Apfelmännchen saßen. Das war noch nicht alles. Die oben erwähnten schillernden „Unterwasser"-Strukturen, jene Korallenrifftierchen, befanden sich hier ebenfalls an den Rändern. Diese bezeichnete man sogar als „Seepferdchen".

Es war, als hätte Mandelbrot dem Schöpfer heimlich in die Töpfe geschaut.

Das war also Teil seiner Entdeckung: Eine verborgene Struktur hinter dem scheinbaren Chaos des Lebens, doch es war mehr. Die andere Seite war möglicherweise noch erstaunlicher. Die Bilder waren in einem immer kleiner werdenden Maßstab Kopien des großen Bildes. Die Auswüchse an den Tentakeln waren selbst auch wieder analoge Tentakeln, doch – und nun kommt es – sie waren *nicht identisch.* Mandelbrot hatte eines der größten Mysterien des Lebens gelüftet – die unendliche Vielfalt. Identische Dinge entstehen im Kosmos nicht, es sei denn vielleicht in den kranken Gehirnen von Wissenschaftlern, die Klone von Menschen oder Tieren machen möchten, oder von totalitären Herrschern, die von ihren Untertanen strikte Konformität verlangen. Sobald ein Diktator auftritt, sieht man überall Uniformen und Soldaten, die wie Marionetten in jenem lächerlichen Gänsemarsch laufen.

In der Natur jedoch gibt es keine Uniformität. An einem Baum gleicht kein Blatt dem anderen.

Diese Tatsache stellte ich sowohl bei meinen Engel-Studien als auch bei meinem Studium des Zufalls fest. Viele dieser Erlebnisse zeigen Übereinstimmungen, so dass man sie sogar in Kategorien einteilen könnte, doch identischen Geschichten begegnet man nicht. Die unendliche Vielfalt garantierte mir, dass ich es mit echter Lebenserfahrung zu tun hatte.

Die Computerbilder entwickeln sich nur dann, wenn mindestens drei unabhängige Kräfte am Werk sind: Der Mensch, der die Daten sammelt, die Daten selbst und der *seltsame Attraktor.*

Alle Religionen wissen, dass die Zahl 3 mit dem Schöpfungsprozess zu tun hat.

Ein weiteres religiöses Prinzip, dass das Ganze auch jedem seiner Teile innewohnt, wird ebenfalls durch das Apfelmännchen bestätigt.

Eine Folge der Chaos-Theorie ist, dass wir nun beweisen können, dass alte Aussagen über das Leben die Wahrheit enthalten – etwas, was der moderne Mensch nur dann annehmen will, wenn es ihm mit technischen Mitteln bewiesen wird. Wir sollten erkennen, dass der Computer nur ein Schattenbild der Wahrheit zeigt.

Die Welt, die wir sehen, gleicht mehr der auf dem Holodeck von *Raumschiff Enterprise* als der wirklichen Welt.

Was wir an den Rändern des Apfelmännchens sehen, gleicht dem sich überschwänglich entfaltenden Leben. Auch hier finden wir wieder diese Übereinstimmung mit den Zufällen. Sie sind eine Randerscheinung im täglichen Leben, doch bei einem wirklich guten Zufall sprüht das Leben selbst wie eine Fontäne auf, und seine Qualität steigert sich. Es entsteht sogar das Gefühl, als würde man über das normale Leben hinausgehoben. „Hör' mal zu, was mir passiert ist!" Die Wangen glühen, die Augen leuchten.

Manche Forscher gingen einen Schritt weiter als Mandelbrot, der eine einzige Formel mit sich selbst multiplizieren ließ. Sie spielten ein „Kopf oder Zahl"-Spiel, bei dem die Willkür bestimmte, welche Zahlen in den Computer eingegeben werden sollten. *Randomisiert* heißt das. Wieder zeigte sich kein völliges Chaos, sondern es tauchten prachtvolle Strukturen auf. Man fühlt sich an die I Ging-Methode erinnert, bei der der Zufall zu bestimmen scheint, wie die Münzen oder Stängel fallen – wobei auf diese Weise doch in viele chaotische Leben eine gewisse Struktur hineinkam.

Die Forschungsarbeit von Mandelbrot erwies sich als außergewöhnlich fruchtbar.

Eine weitere wichtige Entdeckung war, dass die Welt schalenartig wie eine Zwiebel aufgebaut ist.

Aus dem großen Apfelmann kamen kleine Apfelmännchen hervor, die, vom großen Vorbild ausgehend, in einer absteigenden Skala wiederum weitere Apfelmännchen hervorbrachten. Und doch war es nur wieder eine Neuentdeckung einer uralten Vorstellung. Dies wird unter anderem in Nicolls Kommentaren zur Lehre von G. I. Gurdjieff und P. D. Ouspensky herausgearbeitet. Darin wird ein altes Modell des Weltalls behandelt, bei dem die Schöpfung als eine absteigende Oktave betrachtet wird. Jede Note stellt eine niedrigere Dimension auf der absteigenden Skala dar.

Wenn der Mensch den Weg zurück einschlägt, dann bedeutet dies, dass sein Weg entlang der Oktave wieder nach oben führt.

Maurice Nicoll merkt an, dass die geistige Entwicklung des Menschen unmöglich ist, wenn dieser das Schalenmodell nicht versteht. Mandelbrot hat der Menschheit einen großen Dienst erwiesen, indem er uns dieses Verständnis wieder ins Gedächtnis rief.

Seit der französischen Revolution, bei der man großen Nachdruck auf Gleichheit legte, ist der schalenartige Aufbau der Welt aus der Vorstellung des Menschen immer mehr verschwunden. Es ist natürlich herrlich, die Gleichheit auf die Menschenrechte anzuwenden, doch das Gleichheitsprinzip ist immer mehr zu der Vorstellung verkommen, dass alles gleichgemacht werden muss. *Höher* und *niedriger* gibt es nicht mehr. Die Entwicklung verlief von: „Wer glaubst du eigentlich, dass du bist?“ zu „Wer glaubt Gott eigentlich, dass er ist?“

Die Tatsache, dass jeder, der seinen Kopf über das Feld hinausstreckt, verdächtig ist, fand während der Französischen Revolution mit der Einführung der Guillotine, die jedem, der nicht der Gleichheit entsprach, den Kopf abhackte, eine vieldeutige Umsetzung.

Die Vorstellung von politischer Gleichheit ist eine Wohltat und zum Teil in den westlichen Demokratien verwirklicht, doch die Kehrseite davon ist, dass wir das Gefühl für den Schalenaufbau der Welt und damit die Ehrfurcht vor dem, was weit über uns liegt, verloren und so den Weg nach oben verriegelt haben. Wenn es nichts mehr über mir gibt, kann ich auch nicht auf eine höhere Ebene gelangen.

Alle Religionen sind sich darin einig.

Leider steckt im System Gurdjieff-Ouspensky ein grober Fehler. Bei der Einteilung der Schalen wird ihre Ausdehnung in folgenden Stufen wiedergegeben: Mensch → Erde → Planeten → Sonne → unsere Galaxien (Milchstraßensystem) → alle Milchstraßensysteme zusammen → der kreative Wille Gottes.

Mit Ausnahme der obersten Stufe ist dies nur eine Maßstabsvergrößerung im direkten Sinne. Im hebräischen System vom Baum des Lebens wird dieser Fehler nicht begangen. Dort ist *alles*, was mit den Sinnen, eventuell auch mit Hilfe von Instrumenten, wahrgenommen werden kann, immer unter dem Begriff „Erde", Materie, zusammengefasst. Darüber erstrecken sich die höheren Dimensionen im zunehmenden Maße ihrer Spiritualität. C.S. Lewis sagt daher über den Menschen, der primär ein geistiges Wesen ist: „Wir werden die Milchstraßensysteme überleben."

Die Oktave muss als Gleichnis betrachtet werden, auch wenn die Vorstellung, dass wir in einer musikalischen Schöpfung leben, wahrscheinlich völlig richtig ist. Mandelbrot nennt den Schalenaufbau die Signatur des Lebens selbst, und wenn wir mit Hilfe des Apfelmännchens unser Gefühl wiederfinden können, werden wir vielleicht auch unsere verlorengegangene Demut wiederfinden. Dann wird unsere Seele wieder Teil dieser eher universellen Seele, die im 1. Buch Mose „Adam" heißt, in der hebräischen Überlieferung „Adam Kadmon": Die Menschheit als ein großer Mensch (ein Begriff von Swedenborg), ausgebreitet durch Raum und Zeit, der nach dem Bilde Gottes geschaffen ist.

Genau an diesem Punkt verliert sich die „New Age-Bewegung" auch im Nebel, denn sie hat das Universum zu Gott gemacht und nicht begriffen, dass es hier um den universellen Menschen, den Adam Kadmon, geht, der nach dem Ebenbild Gottes erschaffen worden, aber nicht Gott selbst ist. Er bleibt ein Geschöpf.

Aufgrund all dessen erkennen wir plötzlich den Bezug zu unserem Thema, denn nun wird verständlich, dass, wenn wir in einem großen spirituellen Körper Teil der gesamten Menschheit sind, Ereignisse im Kleinen (Maria und der Tintenfisch) wie im Großen (der Angriff auf die Juden in Jerusalem mit Tintenfischpostern) gleichzeitig auftreten können. Es wird wahrscheinlich, dass diese kleinen Wunder, die wir achtlos *Zufall* nennen, in Wirklichkeit winzige Fingerzeige auf unsere Verbindung zu dieser höheren Welt sind, von der wir ein Teil bilden – wenn wir das nur einmal begreifen würden.

Zufälle sind wirklich zu groß, um sie richtig zu verstehen. In jedem Fall können sie uns die Vorstellung vom Schalenmodell wieder ins Gedächtnis rufen, und das ist eine Wohltat für unsere Seele. Die Chaos-Theorie zeichnet sich durch paradoxe Aussagen aus:

„Das Chaos ist geordnet."

„Das Chaos erzeugt Informationen."

„Das Chaos ist Gesundheit."

„Seltsame Formen ergeben einen Sinn."

„Verborgene Formen erfüllen das Universum."

„Das geordnete Chaos ist eine Verteidigung gegen Lärm."

„Chaos ist die Synthese zwischen freiem Willen und Determinismus."

Alle diese Aussagen klingen mehr nach den kryptischen Sinnsprüchen aus dem Mund eines Zen-Meisters als nach Axiomen moderner Gelehrter. Nähern sich Religion und Wissenschaft einander an, nachdem sie jahrhundertelang getrennte Wege gegangen sind?

Ist der Zufall eine der spielerischen Verbindungsbrücken?

Es ist übrigens nicht nur meine Idee, dass die Chaos-Theorie und der Zufall viel miteinander gemeinsam haben.

Gleick weist auf D'Arcy Thompson hin, der entdeckt hat, dass sich Tintentropfen, die in klares Wasser fallen, auf eine bestimmte Weise ausbreiten, so dass das Bild, das erscheint, merkwürdig stark einer Qualle ähnelt. Ist das einfach nur ein Zufallstreffer oder steckt dahinter ein Plan? Kann Zufall eine Bezeichnung sein, die wir für eine verborgene Absicht verwenden? Wenn dem so ist, um welche Absicht handelt es sich dann dabei?

Vielleicht stellt jemand die Frage: „Warum sprechen Sie nicht über unglückliche Zufälle?" Ich möchte nicht abstreiten, dass es sie gibt, doch ich bin davon überzeugt, dass das Phänomen Zufall, im Gesamten betrachtet, positiv ist. Die Chaos-Theorie zeigt uns, dass hinter dieser chaotischen Wirklichkeit prachtvolle Formen – und nicht abscheuliche oder abstoßende – verborgen sind.

Liebe und Schönheit sind die Bausteine der Schöpfung.

Ich komme nochmals auf das erste Kapitel im 1. Buch Mose zurück. Dort steht, dass Gott am Anfang Himmel und Erde schuf. Einen vollkommen geordneten Kosmos also. Der zweite Satz jedoch lautet: Die Erde aber war wüst und leer, und es war finster auf der Tiefe.

Diese Worte „wüst und leer", im Hebräischen „Tohuwabohu", von welchen niemand weiß, woher sie stammen und die von Martin Buber mit „Irrsal und Wirrsal" übersetzt wurden, vergleichbar mit Chaos und Durcheinander, muten nach einem schön geschaffenen Kosmos seltsam an. Sogar das Wort „Tohuwabohu" selbst ist ein Buchstabenwirrwarr.

Daher haben die Weisen Israels argumentiert, dass zwischen dem ersten und zweiten Satz im 1. Buch Mose eine große Lücke besteht, wo etwas total schief lief. Andere verwerfen diese Theorie, doch es spricht vieles dafür. Die Verwüstung wird mit einem großen Aufstand der Engel in Zusammenhang gebracht, der auch bei der Menschheit in Erinnerung geblieben ist.

Falls dem so wäre, wären die sechs Schöpfungstage im 1. Buch Mose eine *Neu*schöpfung. Dann müssten wir folglich folgenden Ablauf postulieren: Ursprünglicher Kosmos → Chaos → Neuer Kosmos.

Ich erzähle dies, weil es so interessant ist, dass die Wissenschaft den entgegengesetzten Weg gegangen ist. Sie hat zuerst den neuen Kosmos ausführlich untersucht. Isaak Newton (1648-1727) betrachtete die Welt als eine gut geölte Uhr. Sie war sechs Tage lang vom Schöpfer aufgezogen worden und lief nun von selbst. Aus dieser Idee entstand wenig später das kleine englische Gedicht, das mit den optimistische Worten endet: „God's in His heaven and all's right with the world." („Gott sitzt im Himmel, und auf Erden ist alles bestens.")

Optimismus überall. Sogleich kamen die Hiebe. Darwin schien endgültig mit unserer himmlischen Herkunft abgerechnet zu haben und machte uns zu Nachfahren eines affenartigen Wesens. Freud zerstörte unsere Illusion von einem edlen Charakter und leitete alle unsere Triebe von der Sexualität her. Nicht nur körperlich waren wir Tiere, auch unsere Seelen waren animalisch.

Madame Curie zerstörte das sichere Bild von den unveränderlichen Bausteinen des Kosmos mit ihrer Entdeckung der radioaktiven Elemente, die sich in andere verwandelten.

Einstein brachte mit seiner Relativitätstheorie die einzige Stütze, die es noch gab, die Zeit, ins Wanken.

Die Menschheit geriet aus den Fugen, und zwei vernichtende Weltkriege schienen zu unterstreichen, dass der Mensch eine Art widerwärtiger Parasit der Erde ist. Dieses Bild setzt sich durch unsere grenzenlose Ausbeutung der Erde auch heute noch fort. Und dann kommen Mandelbrot und Konsorten, die das Chaos untersuchen und eine Prachtstruktur dahinter verborgen finden. Die Wissenschaft hat definitiv den Weg zurück eingeschlagen:

Ursprünglicher Kosmos → Chaos → Neuer Kosmos.

Das Chaos ist an sich nicht kreativ. Es ist eine Phase, aus der schöne Formen zum Vorschein kommen, wenn neue Impulse darauf einwirken.

Für die verknöcherten Gelehrten aus der zweiten Hälfte des 19. und der ersten Hälfte des 20. Jahrhunderts war das Chaos zum Zustand ihres eigenen Geistes geworden, als aller Halt wegfiel und alles, was als feste Materie erschien, sich in eine enorme Leere aufzulösen schien. Nur so lässt sich erklären, dass sie begannen, absurde Hypothesen aufzustellen, wie die vom Urknall, von der Ursuppe, aus der spontan Leben entstand, die „Happy-Monster-Theorie", derzufolge aus einem Dinosaurierei frisch und fröhlich ein Vogel kroch.

Das Chaos im Geiste der intellektuellen Eliteschicht des 20. Jahrhunderts war wie eine Art Schleier, der über das Bewusstsein gefallen war.

Der Schriftsteller H.G. Wells beschreibt unsere Zeit als „The Great Age of Confusion", das *Große Zeitalter der Verwirrung*. Wir brauchen uns aber natürlich nicht von den falschen Schlussfolgerungen der – verständlicherweise – in Verwirrung geratenen Wissenschaftler des 20. Jahrhunderts verleiten zu lassen.

Das Chaos, in das sie gerieten, kann vielleicht als eine Phase interpretiert werden, in der ein vollkommen neues Weltbild ausgebrütet wurde. Wenn eine Raupe zum Schmetterling wird, ist diese während des Puppenstadiums auch auf einen unstrukturierten Brei – „Raupenpulpe“ – reduziert.

Wenn dies stimmt, wartet nach unserem Rückweg durch den Tunnel nicht die Entdeckung des „Big Bangs“, des großen Urknalls, auf uns, sondern eine große Überraschung.

Die Chaos-Theorie hat uns folglich der Frage: „Was ist Zufall?“ ein Stück nähergebracht.

Zufall ist eine andere, höhere Welt oder Dimension, die in unserer Welt für einen Augenblick sichtbar wird.

Es zeigt sich, dass zwei scheinbar nicht miteinander in Verbindung stehende Ereignisse in unserer Welt in jener höheren Welt eine Einheit bilden. Wir können das nicht richtig erfassen, weil unser Begriffsvermögen zu begrenzt ist.

Bevor wir schließlich zu einer Art Abrundung und vielleicht zu einer vorläufigen Schlussfolgerung kommen können, müssen wir noch einige weitere Aspekte unseres Themas beleuchten. Nur mit einer ordentlichen Palette an Fakten haben wir die Chance, dass sich in unserem Geist eine Lösung herauskristallisiert.

10

Ein bunter Strauß von Zufällen

Als ich 1942 die 4. Klasse des Kennemer Gymnasiums besuchte, war ich mit Jan van Kanten, einem Klassenkameraden, befreundet. Jan fiel, wie so viele, in seinem Leben von einer flüchtigen Verliebtheit in die andere. So war eine Weile eine bestimmte Liesbeth die Favoritin gewesen, doch kürzlich blieb sein Blick an einer gewissen Hetty Trom hängen (Ich habe ihre Nachnamen abgeändert, weil die Personen entweder bereits verstorben oder um die achtzig Jahre alt sind). Unser Mitschüler Bob, später ein namhafter Radiologe in Haarlem, dichtete auf eine bekannte Melodie ein Liedchen:

„Oh, Jan van Kanten,
Was hast du nur getan?
Bist mit Hetty Trom gegangen,
Hast Liesbeth lassen staan.“

Anfang 1994, zweiundfünfzig Jahre nach diesem Drama im Taschenformat, sagte meine Assistentin Emilie: „Ich habe da einen Brief von einer Frau aus Brüssel, die in die Sprechstunde kommen will.“

„Schick‘ die mal zu Ton“, sagte ich. Ton ist ein Freund von mir, der in der Nähe von Brüssel wohnt und ein ungewöhnlich guter Arzt ist. Das tat Emilie folglich.

Am 26. Januar 1994 erwachte ich morgens mit jenem Liedchen von Jan van Kanten im Kopf, und wie das manchmal so ist, dudelte es von Zeit zu Zeit immer wieder einmal in mir vor sich hin. Ich ertappte mich dabei, dass ich mitsang und vor mich hinpfiff, oder es summte in meinem Kopf wie eine Stubenfliege, die eingesperrt ist.

Dann, am späten Nachmittag, rief mein Freund Ton aus Belgien an.

„Sag‘ mal, ich hatte Frau A., die du zu mir geschickt hast, in der Sprechstunde. Weißt du, dass sie die Tochter eines alten Schulfreundes von dir ist?“

„Wen meinst du? Ich kenne den Namen überhaupt nicht.“

„Nein, das ist auch ihr ehelicher Name. Ihr Mädchenname ist „van Kanten“, und ihr Vater heißt Jan.“

Auf der Stelle hörte das Liedchen auf zu klingeln, nachdem es offensichtlich seine Mission erfüllt hatte. Zeit spielt, wie man deutlich sieht, für das seltsame Phänomen, das wir *Zufall* nennen, überhaupt keine Rolle.

Noch eine kleine Geschichte zum Erwärmen.

Am 10. November 1988 besuchte ich den Geburtstag meines Nachbarn. Die Stube war voller Menschen, und nach einiger Zeit ging das Gespräch zu Allgemeinplätzen über. Das Thema war *Yeti* oder der schreckliche Schneemensch im Himalaya, jenes sonderbare, geheimnisvolle, affenartige Wesen, das ab und zu im Hochgebirge gesichtet wird und riesige Fußspuren im Schnee hinterlässt. Danach kam das Gespräch auf seinen haarigen Neffen *Big Foot* in Kalifornien, der ebenso hartnäckig auftaucht wie *Yeti* und ebenso wenig je gefangen worden ist.

Was waren das für Wesen? Gab es sie wirklich? Waren es Bärenfänger-Geschichten? Wenn es sie gab, warum konnte dann ihre Existenz ebenso wenig bewiesen werden wie die des legendären Monsters von Loch Ness? In unserer hochtechnisierten, supergescheiten Zeit müsste das doch möglich sein.

Nach dem Geburtstagsbesuch kam ich nach Hause und schaltete auf gut Glück den Fernseher ein. Es war „Discovery Channel“, und in jenem Augenblick begann gerade ein Dokumentarfilm über *Yeti* und *Big Foot*. Es wurden riesige Fußabdrücke im Schnee gezeigt. Augenzeugen, die *Big Foot* Auge in Auge gegenübergestanden waren, kamen zu Wort. Diese nicht greifbaren Wesen hatten die Möglichkeit gesehen, ins Netz der Zufälle zu kriechen.

Nichts von Bedeutung, aber gerade genug, um auszurufen: „Hey, ist das nicht verrückt! Darüber hatten wir gerade gesprochen!“ Ich erwähne es trotzdem, denn Sie müssen darauf achten, wie oft es vorkommt, ohne dass Sie dabei irgendwie bewusst innehalten würden.

Am 3. August 1984 kam eine Mutter mit ihrem anderthalb Jahre alten Töchterchen zu mir in die Sprechstunde. Das Kind spielte auf dem Flur, während mir die Mutter erzählte, warum sie meine Hilfe suchte. Nachdem der medizinische Teil ihres Besuches abgeschlossen war, hielten wir eben noch ein kleines Schwätzchen, da ich sie seit der Zeit kannte, da sie selbst noch ein kleiner Knirps war. Sie erzählte mir von ihrer Schulzeit und darüber, wie verzweifelt sie über das Fach Mathematik gewesen war. Sie schäumte noch vor Wut über den für sie unbegreiflichen Satz von Pythagoras – der von den Quadraten über den gleichschenkligen Seiten eines rechtwinkligen Dreiecks, die zusammen genauso groß sind wie das Quadrat über der Schräge ($A^2 + B^2 = C^2$).

Ich sagte ihr, dass es eine ganz praktische Methode gäbe, um dies zu begreifen, die ich selbst erst vor kurzem von einem Schüler gelernt hatte.

Man nehme ein rechtwinkliges Dreieck. Man zeichne über jeder seiner Seiten ein Viereck. Man hat dann drei Vierecke, die das rechtwinklige Dreieck umschließen.

Die drei Vierecke sind A^2, B^2 und C^2 (das Viereck auf der

Schräge). Nun pflanzt man Kartoffeln in die drei vierseitigen Felder.

Die Ernte der Felder A und B = die Ernte von Feld C: $A^2 + B^2 = C^2$.

Sie begann zu lachen, sagte, dass sie diesen Satz in ihrem Leben zum ersten Male begriffen hätte und sich fragte, warum ihr Lehrer in der Schule ihr das nicht erzählt habe.

Ich habe in meinem Sprechzimmer ein kleines Döschen mit kleinen weißen Karten in alphabetischer Reihenfolge, auf welchen ich interessante, nicht-medizinische Fakten vermerke.

Während ich mit der Mutter da gesessen und geplaudert hatte, hatte das Knirpslein die Chance gesehen, das Döschen zu packen und daraus eine Karte zu nehmen, die es stolz seiner Mutter brachte, während diese noch über meine Erklärung lachte. Die Mutter gab einen Schrei von sich, riss dem kleinen Mädchen das Kärtchen schnell aus den Händen und sagte: „Es tut mir sehr leid, ich habe nicht aufgepasst."

Sie lief zu dem Karteikästchen. Es war noch an der Stelle aufgeschlagen, an der das Kind das Kärtchen entnommen hatte. Doch gerade, als sie das Kärtchen zurückstecken wollte, stieß sie einen überraschten Schrei aus. Das Kärtchen, das offen da lag, und vor das sie das Kärtchen, das sie in der Hand hatte, stecken musste, trug oben eine Aufschrift: „Pythagoras." Der alte Philosoph aus Samos hätte diese Geschichte mit Sicherheit geschätzt.

Folgender Zufall bedarf einer ausführlichen Einführung, denn er enthält diverse politische Verflechtungen. Wir tauchen also notgedrungen in ein Stückchen Weltpolitik ein.

Das 20. Jahrhundert kannte zwei große totalitäre Systeme: Den Nationalsozialismus mit Hitler und seinem Verbündeten Mussolini als Diktatoren, und den Kommunismus mit Lenin und später Stalin in der Sowjetunion sowie Mao in China als Diktatoren.

Es gab einen deutlichen Unterschied, was die Strategie dieser beiden Systeme betraf, die Weltherrschaft zu erobern: Hitler versuchte, dies mit einer gewöhnlichen Serie von Eroberungskriegen zu erreichen. Seine Strategie war vergleichbar mit einer bakteriellen Infektion im Körper: Die Bakterien fallen von außen ein und kämpfen gegen die Körperzellen.

Die Strategie des Weltkommunismus hingegen verlief völlig anders. Die kommunistischen Führer waren realistisch genug, um zu erkennen, dass sie nicht den gesamten Planeten mit Waffen erobern konnten. Russland hatte natürlich schon einen ausgeklügelten Angriffsplan auf Westeuropa bereitliegen, denn das gehört zum militärischen Denken dazu, doch einfach so anzugreifen, das würden sie niemals tun.

Ihre Strategie glich einer Virusinfektion im menschlichen Körper. Viren dringen in die Zellen ein und zwingen die Zelle, anstelle von für den Körper nützlichen Eiweißen Viren zu produzieren. So wird der Körper von innen ausgehöhlt. Eigentlich ist ein Virus ein Stückchen Falschinformation, eine Technik, bei der der Kommunismus einen hohen Grad an Perfektion erreicht hat. Die Weltpolitik des Kommunismus lautete ungefähr folgendermaßen:

1. Schneide die westlichen Demokratien von ihren notwendigen Ressourcen aus Afrika und Asien ab.
2. Drehe junge Menschen, die gutgläubig aussehen, auf den weiterführenden Schulen und an den Universitäten um und lasse sie dann hohe Positionen in der Politik und Verwaltung erreichen. Man hat dann seine eigenen Leute im Steuerapparat. Der Kommunismus bezeichnete dies als „den Marsch durch die Institutionen“. Diese Politik war erfolgreich. Sie drangen sogar in die höchsten Kreise des Britischen Geheimdienstes vor und verstanden es, sich mit Hilfe dieser Methode der Daten zum Bau der Atombombe zu bemäch-

tigen. „Schläfer" nannte man diese geheimen kommunistischen Vorposten in hohen Funktionen des Machtapparates der freien Welt. Wenn es nötig wurde, wurden sie aktiviert. Sie machten im richtigen Moment die richtigen Schachzüge und bürdeten die Ausführung gutgläubigen Kollegen auf. Die naiven Mitläufer bezeichnete Lenin als „nützliche Idioten".

3. Schwäche die westliche Jugend. Der Kopf des Geheimdienstes in Russland, Beria, schrieb ein Handbuch für trainierte „Veränderungsagenten", die sich darauf spezialisierten, den Widerstand der Jugend zu brechen, denn die Kommunisten hatten es nicht eilig. Sie dachten langfristig.

   Ich werde im Folgenden eine Passage aus Berias Handbuch zitieren:
   „Indem man diverse Drogen leicht zugänglich macht, indem man Teenagern Alkohol zur Verfügung stellt, indem man ihre Unbesonnenheit preist, indem man sie mit Sex-Zeitschriften reizt, ihm oder ihr sodann die Sexpraktiken, wie in *Sexpol* (Anleitungen zur Perversion) beschrieben, vorhält, kann der psychopolitische Agent den notwendigen Geist von Chaos, Arbeitslosigkeit und das Gefühl der Wertlosigkeit erzeugen. Unter diesen Umständen wird es dann sehr leicht sein, dem Teenager die Lösung vorzulegen, nämlich die totale Freiheit unter dem Kommunismus."

Auf diese Weise erhoffte man sich, dass der geschwächte Westen auf Dauer wie eine reife Pflaume in die Hände der Kommunisten fallen würde. Vielleicht hat ein kleiner militärischer Tritt nachgeholfen, doch das in Freiheit lebende Volk dürfte das Werk großenteils selbst getan haben.

1945, nach dem Ende des Zweiten Weltkrieges, schien das Ziel schon zur Hälfte erreicht. Der größte Teil des unermesslichen asiatischen Kontinents war kommunistisch. Die Sowjetunion beherrschte halb Europa und einen Großteil Asiens, China einen weiteren riesigen Teil.

Es wurde eine optimistische Geheimkonferenz in Warschau abgehalten, bei der alle kommunistischen Spitzenfiguren anwesend waren. Hier gaben die schlauen Chinesen den Rat, die Katholische Kirche, die als wichtigstes Hindernis betrachtet wurde, zu unterminieren, indem man trainierte Kommunisten in den Westen schleuste und sie zu römisch-katholischen Priestern machte.

Es waren sich aber nur wenige Menschen dieses Ablaufs der Dinge bewusst. Ich gehörte gegen Ende der sechziger Jahre, als die oben erwähnten Dinge in vollem Gange waren, zu einer kleinen Gruppe von Menschen, die versuchte, Punkt 3 so weit wie möglich Widerstand zu leisten. Nach außen hin eine Handvoll netter Leute, in Wirklichkeit aber eher eine psychologische Guerilla-Bewegung.

Diese Einführung war erforderlich, um zu verstehen, was die folgende Geschichte zu bedeuten hat, und woher der Ablauf rührte, der mir beinahe zum Verhängnis geworden wäre.

Es gab in den Niederlanden eine Vereinigung namens „N.C.S.V.“. Es war die Niederländische Christliche Studentenvereinigung. Sie bestand aus Studenten, die Sommerlager für Oberschüler organisierten: Tagsüber Spaß, abends ‘Evangelisieren’ mit Bibellesen, Gebet und kurzen Ansprachen. Es hatte mit dieser N.C.S.V. etwas Besonderes auf sich, denn aus dieser speziellen Bevölkerungsschicht kamen viele spätere Funktionsträger und Wissenschaftler hervor. Eine Gruppe, wie geschaffen für Kommunisten.

Ich war stets ein begeistertes Mitglied gewesen, zunächst in der Schule, später als Offizier. 1967 sagte mein ältester Sohn, damals sechzehn Jahre alt, dass er gern zu einem N.C.S.V.-Trainingswochenende nach 'Woudschoten' (Woudschoten war die Zentrale) fahren wollte, um „Adjutant" zu werden, also einer der Oberschüler, die den Offizieren in den Lagern halfen.

„Dann gehst du da als mein Spion hin. Pass' gut auf", sagte ich.

„Warum?", fragte er überrascht.

„Ich sage weiter nichts dazu, finde es selbst heraus!" Er fand mich ganz schön merkwürdig.

Am Samstag zog er beschwingt aus dem Haus, am Sonntagabend kam er leicht verwildert zurück. Das war sein Bericht: Der Lagerkommandant kam mit Hammer und Sichel, der kommunistischen Flagge, auf dem Autodach hereingefahren. Es wurde den Aspiranten auf einen Helferposten gesagt, dass die Bibel „out" sei, und es wurde ein Büchertisch mit Karl Marx, „Das Kapital", Mao, „Das kleine Rote Buch", Che Guevara, dem kommunistischen Freiheitskämpfer aus Südamerika, und so weiter und so fort angeboten. Ziemlich schnell wurde Schleichwerbung für Drogenkonsum betrieben. Als mein Sohn gemeinsam mit einem anderen Jungen dagegen anging, wurde er durch den Personalstab das ganze weitere Wochenende von den anderen abgeschirmt.

Nachts wurde es ganz bunt. Mein Sohn und sein Mitstreiter schlossen sich in einem Zimmer ein, um den Annäherungsversuchen der Damen zu entkommen. Das Ganze war Beria und seinen Anweisungen ziemlich entglitten. Wie sollte man nun die Eltern der Kinder erreichen?

Ich dachte nach. Mein Lehrmeister Weinreb hatte mir gezeigt, was man mit einem Bluff bei einer Diktatur erreichen kann. Ich setzte also einen fingierten Brief von einem angeblichen Internisten auf, der an ein Krankenhaus in Leiden angeschlossen war, und schrieb dem Personal in Woudschoten, dass ich den Eltern gemeinsam mit einigen Helfern Aufklärung anbieten wolle, um ihnen ihre ungerechtfertigte Angst vor Drogen bei Kindern zu nehmen. Dazu benötigte ich Adressen. Würden sie also bitte so freundlich sein und mir ihr Adressverzeichnis zusenden? Sie könnten es beim Portier des Krankenhauses hinterlegen, dann würde ich es mir abholen, wenn ich mit meiner Arbeit fertig sei. Gezeichnet Dr. Janssen, Internist. Eine Woche später lief einer meiner Mitarbeiter, ein Rechtsanwalt, zum Portier hinein und sagte: „Janssen, von der Inneren Abteilung. Ist ein Päckchen für mich da?“ Hatten sie angebissen? Schau‘ an, es war da! Nun setzte ich im Namen meiner ach so guten Arbeitsgruppe einen Brief auf und konnte die total unwissenden Eltern warnen. Ich erzählte, dass, wenn sie dachten, ihre Kinder gingen in die alte, vertraute N.C.S.V., in Wirklichkeit etwas ganz anderes ablief, und ich trat eine Lawine los. Ich hatte die Herren mit ihren eigenen Waffen geschlagen.

Es gab einen Aufstand! In Woudschoten brach die Panik aus, und es wurde in Windeseile ein Tag der offenen Tür für Eltern einberufen.

Am Abend vorher sagte unser Stratege zu mir:

„Doktor, du gehst da hin, mit dem Ziel, dich selbst abzuschießen.“

„Was! Warum?“

„Mach‘ das mal.“

Das Erste, was mir in Woudschoten auffiel, war, dass ich beinahe niemanden kannte, und das war merkwürdig. Es war eine ganz andere Art von Publikum, als man bei der N.C.S.V. erwartet hätte. Nur zwei Menschen konnte ich einordnen. Kein einziger bekannter N.C.S.V.-Name war dabei. Sobald sie mitbekommen hatten, dass ich einer der Anstifter war (was ich im Zusammenhang mit meiner Mission schnell offenlegte), hatte ich praktisch jeden gegen mich. Es war ein schrecklicher Tag – und es war ein sogenannter ‘vorgebuchter’ Saal!

Wieder zu Hause angekommen, rief ich meinen Strategen an, der ausrief: „Prächtig! Jetzt pass‘ einmal auf!“

Er hatte es damals nicht gesagt, aber er hatte am Tag der offenen Tür listigerweise einen Journalisten eingeschmuggelt. Am nächsten Morgen stand auf der Titelseite des „De Telegraaf", dass die N.C.S.V. insgeheim von den Kommunisten übernommen worden war. Es wurde ein landesweiter Aufruhr. Mein Sohn, der Spion, der Stratege und ich traten im Fernsehen auf, und danach gingen die Geschichten los. Eltern meldeten sich, die ihre Kinder aus den Lagern zurückbekommen hatten, mit Drogen und Kondomen im Gepäck und erfüllt mit kommunistischem Gedankengut.

Die Eltern wussten nicht, was sie tun sollten.

Langsam wurde deutlich, was geschehen war. Das höchste Organ der N.C.S.V. war die Lagerkommission in Woudschoten. Dort war ein Mann hineingekommen, der sich so unmöglich benahm, dass die anderen vier Mitglieder wütend gegangen waren – was genau die Absicht dieses Mannes gewesen war.

Daraufhin hatte das einzig übriggebliebene Mitglied vier in Ostdeutschland trainierte Kommunisten berufen, und nun machte man sich daran, den Offiziersbestand zu selektieren: Wer umgedreht werden konnte und wer törichter Mitläufer blieb. Diejenigen, die prinzipiell Christen blieben, wurden hinausgeworfen. Als ich eingriff, war die Hälfte der Offiziere bereits 'gesäubert'. Als dies alles bekannt wurde, zogen die Eltern ihre Kinder massenweise ab und schickten sie zu den Lagern der Freien Jugendkirche. Die N.C.S.V. ging beinahe bankrott, wurde jedoch im letzten Moment noch durch eine rasche Finanzspritze aus einem Ministerium gerettet. Merken Sie sich das gut! Doch das rettete sie auch nicht. Ich hatte dabei mithelfen müssen, meine geliebte alte Vereinigung zugrunde zu richten.

Einige Zeit später fragte ein anderer Freund von mir, der Beziehungen zur Spionageabwehr hatte: „Sag' mal, warum stehst du auf der Abschussliste der Kommunisten, wenn sie die Sache hier übernehmen? Sogar mit Priorität?"

„Ach“, sagte ich. „Das liegt in der Familie. Mein Vater stand im Krieg ja auch auf zwei Abschusslisten der Nazis.“

Dies war der erste Teil der Geschichte. Nun folgt der zweite Teil.

Wir hatten ernsthafte Hinweise darauf, dass eine der Vorbereitungen für eine kommunistische Übernahme darin bestand, dass man psychiatrische Einrichtungen ganz vorsichtig beobachtete. In einem kommunistischen Land wird jeder, der gegen den Kommunismus ist, als geisteskrank betrachtet. Viele Widerstandskämpfer in kommunistischen Diktaturen landeten nicht im Gefängnis, sondern in psychiatrischen Einrichtungen, wo man sie unter Einsatz schrecklicher Drogen zu Tode behandelte.

Als daher eines der Mitglieder unserer Gruppe, Dr. Esser, ein Psychiater, eine psychiatrische Übergangseinrichtung in Zandvoort aufbaute, fragte er mich, ob ich den Vorsitz im Stiftungsvorstand übernehmen würde. Meine Aufgabe lautete: „Infiltration verhindern!“ Mehr nicht.

Die Finanzen wurden vom Wirtschaftsprüfer des Vorstandes geregelt, die laufenden Angelegenheiten vom Geschäftsführer.

Es war ein schönes Projekt. Die psychisch kranken Patienten kamen in ein Hotel. Die Brüder gaben sich als Gastherren, und der Erfolg war beeindruckend, denn die Patienten hospitalisierten nicht. Es war eine Idee des britischen Psychiaters Joshua Bierer. Wir hatten eine angenehme Beziehung zum Gesundheitsministerium. Außerdem ließen viele Patienten, die kurz in eine psychiatrische Klinik mussten, sich lieber bei uns aufnehmen, denn dann hatten sie – auch im Hinblick auf spätere Bewerbungen – nicht das Stigma einer Aufnahme in der Psychiatrie an sich haften.

Unser Erfolg war so groß, dass wir ein anderes Hotel dazukaufen mussten. Dann erfolgte eine Neuorganisation in Den Haag, und wir wurden einem anderen Ministerium unterstellt. Nun war es so, dass unsere Preise ungefähr ein Drittel der Preise der normalen psychiatrischen Kliniken betrugen. Das Strandhotel stand aber ständig in der salzigen Seeluft. Folglich musste es neu gestrichen werden. Wir baten um die Möglichkeit einer Preiserhöhung von einigen Gulden. Prompt senkte das neue Ministerium unseren Preis um 20 Gulden, und wir liefen Gefahr, bankrott zu gehen. Man sagte, dass wir das neue Hotel von ihnen nicht hätten kaufen sollen.

Ich ging nach Den Haag, um mit dem Mann zu sprechen, der uns dies angetan hatte, einem hohen Beamten des neuen Ministeriums. Ich begegnete in diesem Mann, den ich nicht kannte, einem persönlichen Hass, mit dem schwer umzugehen war. Ich bekam keinen Fuß auf den Boden. Er wollte nicht nur, das wir bankrott gingen, er wollte auch noch den Vorstand persönlich dafür haftbar machen. Das bedeutete folglich unter anderem auch meine persönliche Insolvenz – zu einem Zeitpunkt, da noch Kinder von mir studierten.

Das wurde also durchgezogen, und es wurde eine Kommission weiser Männer einberufen, darunter der von mir sehr geschätzte Professor Bastiaans. Von diesem Mann bekam ich zu hören: „Was haben Sie denn um Himmels willen dem Beamten in Den Haag angetan? Es geht gar nicht um die Joshua-Bierer-Stiftung (so hieß unser Unternehmen). Dieser Mann hasst Sie persönlich und will sie zerstören."

Ich verstand das alles nicht, bis mir auf einmal einfiel, dass das Ministerium, das für uns nun zuständig war, genau dasselbe war, das damals versucht hatte, die N.C.S.V. mit einer großen Finanzspritze zu retten. Dieser hohe Beamte hatte dies mit Sicherheit gut prüfen müssen – steckte da eventuell mehr dahinter?

War er ein „Schläfer", der seine eigenen Freunde rettete? War dies ein ganz gewöhnlicher Racheakt, oder ein gezielter Versuch, mich persönlich auszuschalten?

In jedem Falle saßen wir in den Nesseln, bis der brillante Rechtsanwalt Houthoff uns nach fünfjährigem Prozessieren glorreich freikämpfte. Während all dieser Jahre schwebte das Damoklesschwert einer Insolvenz weiterhin über mir.

Endlich, am 6. April 1984, um halb vier Uhr nachmittags, erhielt ich einen Anruf von Houthoff. Er berichtete mir, dass wir einen vollständigen Sieg über das Ministerium errungen hatten. Es war uns sogar eine ganze Menge Geld schuldig, so dass wir jeden bezahlen konnten und noch Geld übrig behielten für Extra-Malerarbeiten.

Und hier kommt der Zufall, auf den alles hinauslief: Genau in dem Moment, in dem ich mich vor Erleichterung darüber kaum halten konnte, dass nach all den Jahren die Gefahr gebannt war und eine Last von meinen Schultern abfiel, erklang am *Orangenplatz*, an dem ich wohnte, ganz in der Nähe die Musik einer Drehorgel. Sie hob an zu einem dröhnenden: „Lang soll er leben!"

Wir hatten schon seit Jahren keinen Leierkastenmann mehr auf dem Platz gesehen. Er war offensichtlich für einen Geburtstag in einem Nachbarhaus angeheuert worden, und selbst vor Jahren, als einmal einer hierher kam, hatte ich ihn nie dieses Lied spielen hören. Die Wahrscheinlichkeit, dass dies geschah, während ich noch das Telefon in der Hand hatte, war so gering, dass es nicht zu glauben war.

Bleibt die Frage: War dieser Beamte ein Schläfer? Ich habe es niemals herausbekommen. Das Einzige, was ich gehört habe, ist, dass er sich nach diesem Debakel 'wegpromoviert' hat. Ich finde keine andere Erklärung, als dass er es in der Tat war.

Nach dieser kleinen Geheimaffäre, über die hier in den Niederlanden zum ersten Mal berichtet wird, ist es nun an der Zeit für etwas Netteres. Wir wollen uns mit einem uralten holländischen Fest befassen – dem Nikolaus-Tag.

Wenn Menschen mit ihren Gedichten und Überraschungen

kreativ werden, dann muss der Zufall – ob er will oder nicht – einfach vor Ungeduld von einem Bein aufs andere treten, weil er es nicht erwarten kann, mitzumischen.

Am Freitagabend, den 15. November 1996, bereitete ich eine Überraschung für meinen Enkel Ewoud vor, der damals zehn Jahre alt war. In Anlehnung an das Spiel „Steh‘ auf“ bastelte ich ein alternatives Spiel mit Karten.

Dazu musste er zum Mittagessen auf dem Fahrrad von der Schule nach Hause fahren. Unterwegs wurde er jedoch durch allerhand Dinge daran gehindert, flott durchzufahren, unter anderem durch einen Tumult auf der Straße. Das Motiv auf dem Kärtchen, das ich dafür gezeichnet hatte, entsprang den Tiefen meiner Erinnerung. Worum handelte es sich? Vor dem Krieg ritt in Amsterdam, wo er dies immer tat, ein Nikolaus auf seinem Schimmel stolz durch seine Nachbarschaft. Es war Ende November. Kinder säumten den Weg und jauchzten. Plötzlich kam – zur Verwirrung der Kinder – durch diese enge Gasse von der gegenüberliegenden Seite noch ein Nikolaus angeritten. Beide Nikoläuse betrachteten diese Straße als ihr persönliches Eigentum, und nachdem sie einige Worte miteinander gewechselt hatten, die nicht zum Vokabular eines Heiligen gehören, rückten die beiden Gottesmänner einander wie alte Ritter mit ihren Krummstäben zu Leibe. Zur unverhohlenen Freude des herbeigeströmten Publikums landeten die vergoldeten Stäbe laut krachend auf den Bischofsmützen und den roten Jacken, während die Menschen die Kampfhähne laut anfeuerten. Am Ende kam die Polizei, welche dic inzwischen ordentlich lädierten Kinderfreunde festnahm.

Einen Monat später standen die Herren in ihrer normalen Alltagskleidung vor Gericht und gaben widerwillig zu, dass sie sich in ihrer Würde als Nikolaus „ein wenig hatten gehen lassen“.

Mein Vater, der damalige Staatsanwalt, musste innerlich so lachen, dass er nur eine ganz kleine Geldbuße verhängte. Dieser

Vorfall hatte mich dazu inspiriert, zwei kämpfende Nikoläuse zu zeichnen, die auf ihren Pferden saßen und einander mit ihren Stäben verprügeln.

Steig' ab!

Der echte Nikolaus und ein falscher Nikolaus begegnen sich und geraten aneinander. Du schaust zu – drei Minuten Strafe.

Der echte Nikolaus und ein falscher Nikolaus begegnen sich und geraten aneinander. Die Karte von der Nikolaus-Überraschung.

Mein Sohn, der von dieser Überraschung hörte, sagte: „Pass' mal auf: Wessel (Ewouds jüngerer Bruder) glaubt noch an den Nikolaus. Denke daher daran, dass aus dem Kärtchen deutlich wird, dass einer ein falscher Nikolaus ist!"

Ich veränderte meine ursprüngliche Zeichnung also dahingehend, dass ein Nikolaus nicht ganz echt war, was ich im begleitenden Reim nochmals betonte. Am Abend des 15. Novembers war das Kärtchen dann endlich so weit, wie ich es haben wollte.

Am folgenden Morgen, am Samstag, den 16. November, schlug ich die Zeitung auf, und zu meiner nicht geringen Verblüffung sah ich ein großes Farbfoto von einem Nikolaus und einem Weihnachtsmann, die rittlings auf einem Dachfirst saßen, als würden sie hoch zu Ross sitzen und sich gegenseitig mit ihren vergoldeten Stäben verprügeln.

Der Nikolaus und der Weihnachtsmann im Gefecht (De Telegraaf)

Sogar das kleine Detail vom falschen Nikolaus – dem Weihnachtsmann – stimmte; denn der Weihnachtsmann ist aus Amerika gekommen. Als die Niederländer nämlich nach Amerika auswanderten, nahmen sie ihr Nikolausfest mit. Der Heilige Nikolaus wurde dort zu „Santa Claus“ und verwandelte sich in den Weihnachtsmann, der nun als eben dieser wiederum den Ozean in die andere Richtung überquerte und hier ein unabhängiges Leben zu führen begann. Ein echter ‘falscher Nikolaus’ also.

Am nächsten Tag bereiteten meine Frau und ich eine Überraschung für Sarie, meine älteste Enkeltochter, vor. Sie war damals zwölf Jahre alt. Meine Frau hatte ein neues Band für das Tonbandgerät gekauft, und wir begannen, ein Hörspiel aufzunehmen. Das Thema war Dracula. Man hört den Hufschlag eines einsamen Ritters (mit Kochlöffeln) in den Karpaten. Man hört den rauen Wind heulen, als der Reiter sich einem düsteren Schloss nähert. Endlich steigt er ab, und man hört ihn an das Tor klopfen. Langsam, mit lautem Ächzen, geht das Tor auf, und eine hohe, leicht weinerliche Stimme ruft: „Wer ist da?" Der Reiter bittet um Unterkunft für die Nacht und wird eingelassen. Man hört, wie der Diener schnell eine Kakerlake ergreift und diese mit einem knirschendem Geräusch verspeist.

Dann hört man eine feierliche Stimme sagen: „Ich bin Graf Dracula. Du bist willkommen. Mein Diener wird das Abendessen servieren, und dein Pferd wird versorgt werden. Ich selbst kann dir beim Abendessen keine Gesellschaft leisten, denn ich esse oben allein in meiner Kammer." Dracula bin ich, mit verstellter Stimme. Der Reisende bin ich mit meiner eigenen Stimme. Wir hören Graf Dracula die Treppe hochsteigen. Wenig später erklingt ein markerschütternder Schrei, wahrscheinlich als er sich am Blut einer jungen Magd gütlich tut.

Nun folgen ein Gespräch zwischen dem Reisenden und dem Diener sowie weitere Abenteuer, bei welchen Särge in einem Keller eine wichtige Rolle spielen und der Reisende eine Konfrontation mit Graf Dracula im Keller hat. Als wir die ganze gruselige Geschichte aufgenommen hatten, spielten wir das Band ab, um zu prüfen, ob es gelungen war – und da erwartete uns eine echte Überraschung. Alles ging gut bis zu der Kellerszene, bei der der Reisende Dracula bei den Särgen begegnen wird.

Man hört, wie sich die Kellertür öffnet, der Reisende steigt hinab, und dann beginnt Graf Dracula zu sprechen. Genau an dieser Stelle befindet sich offensichtlich ein Fehler auf dem nagelneuen Band, denn der Ton verändert sich, und seine Stimme hallt, als pralle sie gegen die Wände eines großen hohlen Raumes.

Danach sagt der Reisende etwas, und auch dabei ist etwas falsch. Meine Stimme zittert und vibriert, als hätte ich tödliche Angst – und das war nicht meine Schauspielerkunst, sondern immer noch jener seltsame Fehler im Band.

Danach verschwindet Dracula, und der Ton ist wieder normal und bleibt dies auch für den Rest des Bandes.

Bei meinem „Vortrag über Zufall“ vor meiner Ärztegruppe spielte ich das Band ab, und alle waren sich darüber einig, dass dies spektakulär war.

Das Hörspiel war viel besser geworden, als meine Frau und ich es jemals hätten machen können. Der dritte – unsichtbare – Spieler, der Zufall, hatte genau das hinzugefügt, was das Hörspiel so verblüffend echt machte.

11

Akzeptiert die Bibel den Zufall?

Die Antwort auf die oben gestellte Frage lautet: „Na, und ob!“... Immer wieder, sowohl im Alten als auch im Neuen Testament, wird uns erzählt, dass Menschen „das Los warfen“, ein wenig, wie man das vom I Ging kennt.

Neunundachtzig Mal wird dies erwähnt: Achtundsiebzig Mal im Alten und elf Mal im Neuen Testament, in den unterschiedlichsten Situationen. In neunzehn Büchern des Alten Testaments und in fünf Büchern des Neuen Testaments wird dieses Werfen des Loses erwähnt.

Zum allerersten Mal findet es sich im 3. Buch Mose, 16,8, als Aaron am Großen Versöhnungstag einen Bock für den Hohenpriester auswählen soll, der die Sünden des Volkes mit in die Wüste davonträgt. Daher kommt der Ausdruck „Sündenbock“.

Dieser Bock nun wird durch das Los bestimmt, und Aaron muss so auf plötzliche Anweisung handeln. Das letzte Mal, dass die Bibel das Werfen des Loses nennt, ist in der Apostelgeschichte 1,26, als ein neuer Apostel anstelle von Judas ernannt werden muss, der Jesus verraten und Selbstmord verübt hatte.

Das Los zu werfen, war folglich eine vollkommen legitime Methode, um zu Entscheidungen zu kommen, und die Ergebnisse wurden als Antwort Gottes betrachtet.

In Jesaja 34,17 steht sogar geschrieben, dass Gott selbst das Los warf, um zu beschließen, wo alle Tiere, die im Vers vorher genannt werden, in der Wildnis nach dem Untergang von Edom leben sollen. Offensichtlich verdient Einsteins Bemerkung, dass „Gott nicht würfelt", einige Revidierung.

Dass der Herr in der Tat aktiv an einer Art „Lotterie" teilnimmt, finden wir in Josua 6 und 7.

Nach 40-jähriger Wanderschaft durch die Wüste erreicht Israel endlich das gelobte Land und beginnt, es zu erobern. Bei dieser Eroberung dürfen die Israeliten nicht plündern, wahrscheinlich weil die Völker, mit welchen sie den Kampf aufnehmen, viele unheimliche abgöttische Bräuche pflegen, wie das lebendige Verbrennen ihrer Kinder für eine gute Ernte. Israel muss davor geschützt werden, psychisch verseuchte rituelle Gegenstände mit nach Hause zu nehmen.

Ein gewisser Achan missachtete diesen Befehl, stahl einen schönen Mantel und eine gehörige Portion an Gold und Silber dazu und versteckte alles in seinem Zelt. Plötzlich erleidet Israel eine gewaltige Niederlage. Josua fragt den Herrn, was falsch läuft, und bekommt zur Antwort: „Weil sie verbotene Güter angetastet haben."

Beachten Sie, dass die Antwort nicht lautet: „Weil dieser Schelm Achan Beute geklaut hat."

Allein die *Art* der Übertretung wird genannt, und dann erfährt Josua exakt, wie er dahinterkommen muss, wer das war. Ganz Israel muss antreten, und der Schuldige wird durch Elimination ermittelt.

Was ablief, war kein knallhartes Polizeiverhör.

Wie es genau vor sich ging, wissen wir nicht, doch es wurde da gelost. *I Ging*-artig? Kopf oder Zahl? Strohhalme ziehen? In jedem Fall wird das Ergebnis als Antwort Gottes aufgefasst.

Der schuldige Stamm war Juda.
Das schuldige Geschlecht in Juda war Zerah.
Die schuldige Familie in Zerah war Zabdi.
Der schuldige Mann in Zabdi war Achan.

Die Methode funktionierte folglich unfehlbar und war völlig legal. Der Herr selbst hatte sie befohlen. Achan gibt alles zu, und die Beute wird gefunden. Es gibt keinen Psychiater, der erklärt, dass ein zu strenger Vater und eine zu nachgiebige Mutter die Gründe für seine Übertretung waren – und er wird exekutiert.

Warum beschloss der Herr, Achan über einen solchen Umweg zu finden? Eine mögliche Erklärung dafür kann sein, dass sich dadurch das ganze Volk auf eine intensive emotionale Weise betroffen fühlte und am Ende jeder für sich gedacht haben mag: „Wenn ich mich anders verhalten hätte, wäre ich getötet worden." Die Methode besitzt einen hohen pädagogischen Wert. Auf diese Weise kann niemand, der Anstand besitzt, mit den Schultern zucken und sagen: „Wieder typisch Achan! Ich habe ja schon immer gesagt, dass er nichts taugt."

Nein, es muss bei jedem eine tiefe Berührung stattgefunden haben.

Zuerst Israel. Eine Selbstüberprüfung. So mancher muss an die schöne Beute gedacht haben, die er beinahe selber gestohlen hätte. Als der Stamm Juda für schuldig befunden wurde, muss in den anderen Stämmen großes Mitgefühl geherrscht haben, aber auch insgeheim Schuldgefühle, weil man sich erleichtert fühlte, dass die Missetat nicht ihnen angerechnet werden konnte. Ihr Stamm erwies sich als integer. Und so ging es weiter – bis zum Schuldigen. Das Maß an Mitgefühl, das während des ganzen Prozesses erzeugt worden sein muss, dürfte enorm gewesen sein, und der Wiederholung eines derartigen Vergehens wurde damit wahrscheinlich vorgebeugt.

Wir wissen also nicht, wie das Losen genau vor sich ging, doch jüdische Kommentare sagen, dass die berühmten „Urim" und „Thummim" eine Rolle gespielt haben. Dies waren zwei große Kristall-Tafeln im Brustschild des Hohepriesters.

Es heißt, dass immer dann, wenn der Hohepriester eine Frage an den Herrn stellte, und die Antwort „Ja" lautete, Urim aufleuchtete, und wenn die Antwort „Nein“ war, flammte Thummim auf. In diesem Fall haben wir es hier *nicht* mit Zufall in unserem Sinne zu tun, sondern mit einer direkten Verbindung zum Himmel. Antworten wurden freilich längst nicht immer auf diese Weise gefunden.

Im Falle der Suche nach dem Sündenbock zog Aaron einfach ein Los aus einer Urne.

Dass das Losen auch unter den heidnischen Völkern oft vorkam, sehen wir an der Geschichte von Jona. Der Herr schickt Jona weg nach Ninive, in die Hauptstadt Assyriens, um dort zu berichten, dass die Stadt komplett zerstört werden solle. Was tut Jona? Er zieht nicht gen Osten, sondern flieht wie ein gestutzter Hase zur Küste und nimmt in Jaffa ein Schiff nach Tharsis an der Westküste des Mittelmeers.

Warum tat Jona das? Assyrien bedrohte den nördlichen Teil Israels, das Reich der zehn Stämme, und würde es später vernichten. Jona wusste das nur zu gut. Es war so, als hätte Gott am Vorabend des Zeiten Weltkrieges zu einem Niederländer gesagt: „Gehe nach Berlin und sage, dass die Stadt zerstört werden wird.“ Wenn es mir passiert wäre, dann hätte ich gedacht: „Na, dann sind wir auf einen Schlag alle diese Nazi-Schurken los. Ich werde sie mit Sicherheit nicht warnen. Am Ende entkommen Hitler, Goering, Goebbels und Himmler auch noch, und dann geht das Elend einfach so weiter.“

Jona flüchtete folglich. Als sie auf hoher See waren, drohte ein gewaltiger Sturm das Schiff zu versenken. Heutzutage, in unserer aufgeklärten Zeit, hätten wir eine meteorologische Erklärung dafür, doch die Besatzung fragte sich, ob hinter diesem Sturm ein bestimmter Zweck stand. Die Kommentare berichten außerdem, dass er sehr lokal war und die Schiffe in der näheren Umgebung kein Problem damit hatten. Dann muss man sich doch Fragen stellen.

Jona liegt im Schiff unter Deck und schläft. Doch er wird aufgeweckt, und die Seeleute werfen dann das Los, um zu bestimmen, wer von der Schiffsmannschaft den Sturm verursacht haben kann. Das Los fällt auf Jona, der bekennt, dass er vor Gott auf der Flucht ist und die Unannehmlichkeiten in der Tat ihm zuzuschreiben sind.

Nun, der Rest ist bekannt. Gegen den Willen der mitleidigen Seeleute wird er über Bord geworfen. Der Sturm legt sich, ein großer Fisch verschluckt Jona und spuckt ihn erst vor der Küste wieder aus. Jona geht dann doch nach Ninive. Er predigt, die Stadt bekehrt sich von ihren Sünden und wird nicht zerstört. Jona ist furchtbar missmutig, und er hatte auch einigen Grund dazu, wenn man bedenkt, was Assyrien Israel wenig später alles angetan hat.

Wieder erkennen wir die seltsame Verbindung zwischen Gott und dem Zufall. Denn ist für den logischen Verstand das Ziehen von Losstäbchen nicht reines Glücksspiel? Wie kann der große Schöpfer und Gesetzgeber des Weltalls nun mit so einem launigen Phänomen wie dem Zufall in Verbindung stehen? Ist das nicht äußerst merkwürdig? Lassen wir uns von unserem Gefühl in Bezug auf den Zufall oder das Wesen Gottes täuschen – oder was hat es damit auf sich?

Wir wollen darauf noch etwas näher eingehen.

Das Wort, das durch das Alte Testament hinweg für das Los benutzt wird, ist *gorel*. Es bedeutet, eine Entscheidung dem Zufall zu überlassen, im Vertrauen darauf, dass man einen Raum geschaffen hat, um Gottes Willen walten zu lassen. Weinreb sagte: „Lose zu ziehen, ist eine nicht logische Antwort auf eine Frage.“

Der Zahlenwert des Wortes *gorel* (GRL) ist: 3 + 200 + 30 = 233.

Nun ist bei der biblischen Numerologie bekannt, dass zwei verschiedene Worte, die den gleichen Zahlenwert haben, eng miteinander verwandt sind. So ist ein verwandtes Wort im Falle des Zufalls, *gorel*, das Wort *regel* (geschrieben RGL): 200 + 3+ 30 = 233. Man kann es sogar als Anagramm von *gorel* bezeichnen. *Regel* ist das hebräische Wort für *Fuß*.

Welcher Zusammenhang besteht zwischen *Zufall* oder *Chance* und *Fuß*?

Wir sind in unserer heutigen Zeit so arrogant geworden, dass wir zu wissen glauben, wo unser Weg hinführt. Altes Wissen jedoch sagt, dass wir größtenteils nicht die *Beweger*, sondern die *Bewegten* sind.

„Unsere Fußspuren werden zu einem wichtigen Teil von der geheimnisvollen Kraft gelenkt, die auch hinter dem Zufall steckt. Daher sind der Zufall und der Fuß numerisch miteinander verwandt."

Der berühmte Hellseher Croiset, der der Polizei bisweilen dabei half, vermisste Menschen aufzuspüren, wurde einst aufgefordert, die Menschen in der ersten Reihe des Theaters zu beschreiben, in dem er vierzehn Tage später eine Vorführung geben sollte. Er lag bis zur letzten Person richtig, obwohl Menschen darunter waren, die erst am Abend der Vorstellung eine Karte gekauft hatten, oder solche, die von jemandem eine Karte geschenkt bekommen hatten, der plötzlich verhindert war.

Ein kreativer, unsichtbarer Hintergrund webt in uns ein Muster, das wir nicht begreifen, das wir „Wahrscheinlichkeit" oder „Zufall" nennen. Doch es hat Struktur. Wir haben zwar das Gefühl, dass wir unser Leben jeden Moment verändern könnten; doch das ist eine Illusion. Aus einem festgeschriebenen Lebensmuster auszusteigen und eine völlig neue Richtung einzuschlagen, erfordert eine ganz spezielle Kraftanstrengung und Einstellung. Es gibt eine herrliche alte Geschichte, die dies illustriert. Mein hebräischer Lehrmeister erzählte sie mir:

„Einst, vor langer Zeit, gab es im Mittleren Osten eine Gruppe von Arbeitern, die ein Stück Land von allen Steinen befreien sollten. Es war schwere Arbeit, und als die Sonne gegen Mittag stechend herunterbrannte, setzten sie sich in den Schatten einer hohen Felswand, der Vorarbeiter mit dem Rücken zur Wand und die anderen in einem Kreis um ihn herum. Dann nahm der Vorarbeiter einen Korb und lief an allen Männern vorüber. Jeder hatte etwas für das Mittagessen mitgenommen. Der Erste ein Brot, der Zweite Obst, der Dritte Fleisch. Als er alles eingesammelt hatte, verteilte der Vorarbeiter es unter seinen Männern, so dass jeder eine bunte Mahlzeit bekam. Nun geschah es einmal, dass es einen Arbeiter gab, der nichts dabei hatte. Seine Frau war krank, und er hatte dem Arzt viel Geld bezahlen müssen, so dass er kein Geld mehr übrig hatte, um etwas zu essen zu kaufen. Er schämte sich sehr, denn sein Gesicht zu verlieren, ist in jenem Land so ziemlich das Schlimmste, was einem passieren kann. Als der Vorarbeiter die Verwirrung dieses Arbeiters bemerkte, stellte er sich so hin, dass die anderen nicht sahen, was er tat, und machte eine Bewegung, als würde er etwas in die Hand nehmen. Er ging noch weiter, denn er sagte freundlich zu dem Mann: „Da, schau her! Da haben wir aber einen besonderen Leckerbissen.“ Er wurde dadurch in seiner Runde etwa zehn Sekunden aufgehalten, und das hatte große Folgen, denn genau in dem Moment, bevor er zu seinem Platz unter der Felswand zurückgekehrt war, löste sich oben ein Felsblock und stürzte genau auf die Stelle herab, wo der Vorarbeiter gesessen hätte, wenn er sich durch seine freundliche Geste gegenüber dem armen Mann nicht verspätet hätte. Wenn alles normal abgelaufen wäre, wäre er zerquetscht worden.“

Der hebräische Kommentator sagt: „Der Felsbrocken lag da und wartete seit Beginn der Welt, um diesen Vorarbeiter zu töten, doch weil er mehr tat, als von ihm erwartet werden konnte, machte das Schicksal kehrt, und er blieb am Leben.“

Die Moral von der Geschichte ist: „Gutes zu tun, rettet vor dem Tod." Aber die Rechnung geht natürlich nicht immer auf.

Es gibt noch ein wichtiges Wort im Hebräischen mit dem numerischen Wert 233, nämlich „Baum des Lebens", *Ets Hachaim* geschrieben, (und ich gebe nun nur die Zahlen an) 70 + 90 + 5 + 8 + 10 + 10 + 40 = 233.

Dieser Baum, der ganz zu Beginn der Bibel (1. Mose, 2) und ganz am Ende (Buch der Offenbarung) erwähnt wird, war ein Hinweis auf das ewige Leben und das Gegenstück zum Baum der Erkenntnis des Guten und Bösen, der den körperlichen Tod mit sich brachte. Die hebräische Tradition sagt, dass die Wurzeln der beiden Bäume eng miteinander verflochten sind, und deutet damit an, dass hinter dieser Welt, in der am Ende alles zugrunde geht und stirbt, eine ewig sprudelnde Fontäne des Lebens verborgen ist.

Der Baum des Lebens kann nicht logisch-wissenschaftlich gefunden oder durch Magie entdeckt werden. Er lässt jedoch diejenigen, die ihre Arroganz ablegen und sich niedriger und bescheidener verhalten, immer wieder einen Hauch von sich erhaschen. Dann offenbart sich die geheime Struktur der Welt mehr und mehr. Eine Art, wie dies geschieht, ist das Eintreten simpler Zufälle. Staunen und Entzücken können die ersten Schritte auf dem Weg ins Leben sein. Wenn kleine glückliche Umstände aufeinandertreffen, die als *Zufall* bezeichnet werden, können sie uns wie *Verkehrsschilder* die Richtung zu diesen Gefühlen freudiger Überraschung weisen, die Kinder noch im Übermaß besitzen, die so vielen Menschen aber leider abhanden kommt, wenn sie älter werden.

Es gibt noch ein wichtiges Beispiel für Zufall im Alten Testament, das wir nun behandeln werden. Die Geschichte spielt im 5. Jahrhundert vor Christus. Es wird erzählt, dass es im Reich der Perser einen Mann gab, der nach dem König im Reich die höchste Position einnahm. Jeder musste sich tief vor ihm verneigen, und *Haman* – so hieß er – genoss es. Es gab aber auch einen alten Juden namens *Mordechai*, der nicht im Traum daran dachte. Haman war darüber rasend, doch er konnte es sich nicht erlauben, persönlich Rache zu nehmen, denn dann würde jeder sehen, was für ein kleinliches Männlein er eigentlich war. Er dachte sich also einen teuflischen Plan aus. Er fand heraus, dass Mordechai ein Jude war, und beschloss, einen Grund zu finden, um alle Juden zu ermorden. Auf diese Weise konnte niemand erkennen, welches seine wirkliche Absicht war. Eigentlich tat er das Gleiche, was der Beamte jenes Ministeriums tat, der versuchte, ein ganzes blühendes Unternehmen in den Ruin zu treiben, nur um sich an mir zu rächen.

Haman ging also zum König und berichtete, dass es in seinem großen Reich ein Volk gab, das den König verachtete und sich nicht an das Gesetz hielt. Er bot dem König eine ansehnliche Menge Goldes an, um das Volk auszurotten.

Wenn kleine Psychopathen Macht bekommen, werden sie extrem gefährlich. Während des Krieges sahen wir dies beispielsweise an einem mickrigen, total unbedeutenden kleinen Mann, Himmler, der den Holocaust organisierte, und an seinem ebenso völlig unbedeutenden Hintermann Eichmann, der dafür sorgte, dass die Züge zu den Vernichtungslagern pünktlich fuhren.

Der König hieß den Plan gut, denn Könige brauchen immer Geld. Haman musste nun bestimmen, wann sein schnöder Plan am Besten ausgeführt werden konnte. Wie tat er das? Indem er für die nächsten zwölf Monate das „Pur" warf. Er fand heraus, dass der 13. Tag des 12. Monats der beste Tag war, um alle Juden zu ermorden. Der Text sagt: „Das Pur – das ist das Los" (Esther 3, 7).

Warum steht hier ein Spezialwort? Es steht da: „Pur, das ist gorel." Es könnte ein bestimmter Stein gewesen sein, doch Weinreb erzählt eine wahrscheinlichere Geschichte, die ich gleich wiedergebe:

„Wir wissen, wie es ablief. Der König war mit Esther verheiratet, und sie war – was niemand wusste – ein jüdisches Mädchen, die Nichte von Mordechai. Sie handelt mit großer Unerschrockenheit und bringt Haman zu Fall, und an dem Tag, an dem die Juden hätten sterben sollen, muss der ganze Klan von Haman daran glauben.

Hat das Los Haman fehlgeleitet? Die Tradition hat eine Antwort. Haman hatte also seinen Mordplan im 12. Monat ausführen wollen, doch dieses Jahr hatte einen Haken. Das israelitische Jahr bestand nämlich aus 360 Tagen. Es musste daher alle sechs Jahre ein ganzer Monat hinzugefügt werden, um wieder mit der Sonne im Gleichklang zu sein. Das Jahr von Hamans Mordplänen war solch ein Schaltjahr, und der 12. Monat bekam einen 13. Monat hinzu. Darum stimmte es nicht. Es war in den eisernen Gesetzen der Meder und Perser ein Leerraum entstanden, und daher kehrte sich alles um."

Versuchen Sie bitte nicht, dies logisch-mathematisch zu begreifen. Es hat mit dem Sinn, der Qualität und der Symbolik von Zahlen zu tun. Zwölf ist die Zahl der festen Gesetze des Weltalls, der unveränderlichen Bahnen der Sterne, auf welchen die Astrologie beruht. Weinreb sagt denn auch, dass Haman astrologische Stundenhoroskope aller kommenden Tage erstellt hat, um den richtigen Moment zu finden, und so auf den 13. des 12. Monats gekommen war.

Die Dreizehn ist das verborgene Freiheitsprinzip in unserer Schöpfung, das einem System Flexibilität gibt, das sonst starr wäre. Die Dreizehn wird oft mit „verrückt", „bizarr", „seltsam", „unberechenbar" in Verbindung gebracht.

Man sieht in der Esther-Geschichte diese herrliche Gegenüberstellungen zwischen *gorel*, dem verspielten, Freiheit schaffenden Zufall, und *Pur*, den scheinbar eisernen Gesetzen der Meder und Perser. Das *Pur* wird plötzlich gedehnt.

In unserer heutigen Zeit haben wir so etwas erlebt, als die eisernen Naturgesetze des 19. Jahrhunderts plötzlich durch die sogenannte „Unschärferelation“ von Heisenberg ins Wanken gerieten. Dabei geht man davon aus, dass man, auch wenn man die Geschwindigkeit eines Elektrons kennt, nicht zugleich auch seinen Platz berechnen kann.

Der kleine Mann Haman berechnet seine Chancen. Gott lacht und lässt eine erfrischende freie Brise wehen.

Die Juden feiern einen Tag, nach dem sich alles umkehrte, das „Purim-Fest“, und schenken sich gegenseitig Päckchen, in welchen etwas anderes steckt, als man denkt. Ich vermute, dass wir unsere Nikolaus-Überraschungen von diesem Fest abgeschaut haben.

Wie gewaltig ist doch jene Idee der Freiheit, die sich der Zufall zunutze macht.

Oft sehen wir, wie Menschen ein unlösbares Problem am Hals haben. Nichts gelingt.

Im Alten Testament wird dann gefragt:
Warum verliert Israel diese Schlacht? (Josua)
Warum überfällt dieser Sturm uns? (Jona)
Warum geht es schlechten Menschen gut? (Hiob)
Warum wurde dieser Mann blind geboren? (Johannes 9, 2)

Heute kann man leicht über ähnliche Fragen nachdenken:

- Warum sterben so viele liebe, gute Menschen an Krebs?
- Warum sind so viele gute, sparsame Techniken bekannt, und wir wenden sie nicht an?
- Warum können wir nichts tun gegen die multinationalen Riesen, die uns gegen unseren Willen genetisch vergewaltigte Nahrungsmittel aufzwingen?
- Warum konnten wir nichts gegen totalitäre Denker tun, die unserer Bevölkerung gegen ihren Willen den Euro aufgedrückt haben?

Zu alttestamentlichen Zeiten sprang der Zufall, das Los, in die Bresche, wenn solche Fragen gestellt wurden. Die nicht-logische, kreative Seite des Lebens übernahm für einen Augenblick das Ruder.

Das Leben funktioniert, wenn alles gesagt und betrachtet ist, letzten Endes nicht logisch. Die Liebe, die große treibende Kraft des Lebens, ist nicht logisch. Auch ein Schnabeltier ist nicht logisch. Wir können uns entspannen.

Die Vorstellung von der Nützlichkeit ist in unserer Kultur zum harten, mitleidlosen Sklaventreiber geworden. Man hat uns mit dieser Vorstellung so gründlich indoktriniert, dass wir viele wichtige Tatsachen nicht mehr verstehen.

Tiere spielen in Wirklichkeit nicht nur, weil sie Jagen lernen müssen. Oft spielen sie, weil es lustig ist. Die Tatsache, dass das Spiel sie auch für die Jagd trainiert, ist nicht die ganze Erklärung.

Giraffen haben keinen extra langen Hals, „damit sie besser an die obersten grünen Blättchen kommen können" (Lamarck). Es ist viel wahrscheinlicher, dass sie so geschaffen wurden, weil es dem Schöpfer so gefiel. Das Schnabeltier ist ein gelungener Scherz, die Giraffe ein surrealistisches Kunstwerk – von einem genialen Künstler.

Gorel lässt das Leben tanzen und erfüllt es mit bezaubernden Zufällen.

Pur, Hamans Idee, kommt aus der Welt, in der es heißt:

> „Menschen sind Mist auf den Feldern der Zukunft." (Marx)
> „Menschen sind nur kleine Rädchen im Getriebe der Wirtschaft." (Marx, Kommunismus)
> „Der Stärkste überlebt." (Darwin)
> „Nehmen Sie eben mal beim Blinddarm in Zimmer 6 Blut ab!" (Der Mensch als Objekt in unserer Gesellschaft)

Haman ist der Prototyp des Diktators. Er will, dass alles uniform ist. Regeln ohne Ausnahme. Vielleicht ist die beste Definition eines Diktators: „Jemand ohne Gefühl für Humor." Diktatoren lachen niemals von Herzen. Im Grunde sind sie keine Menschen mehr. Sie wirken, als seien sie schon tot. Betrachten Sie einmal ihre versteinerten Gesichter.

Sie, die glauben, alles beherrschen zu können, werden von der Nr. 13, dem unerwarteten Faktor, besiegt, genau so, wie ein kleiner Grasspross die Chance sieht, durch den Beton eines Weges hindurchzudringen. Ein scheinbar unbedeutender Vorfall oder ein origineller Mensch kann eine scheinbar unzerstörbare Struktur zu Fall bringen. Dann reißen auf einmal normale Bürger eine ganze Berliner Mauer ein.

Die Schöpfung ist immer stärker als die Erstarrung. Sie fegt Widerstände einfach hinweg, wie ein Herbststurm das tote Holz.

Das berühmteste Beispiel aus der Bibel für den Zufall, der in den Verlauf der Ereignisse eingreift, finden wir im Neuen Testament. Als Jesus gekreuzigt wurde, verteilen die römischen Soldaten seine Kleider und werfen das Los über seinen Unterrock. Da dieses Ereignis in allen vier Evangelien erwähnt wird, muss diese Szene sehr wichtig gewesen sein. Außerdem war sie in Psalm 22 exakt vorhergesagt worden. Ich setze die Texte untereinander:

Psalm 22,19: „Sie teilen meine Kleider unter sich und werfen das Los um mein Gewand."

Das Wort „Gewand" heißt im Hebräischen *laboeshi*, „ein glänzendes Kleidungsstück".

Der Text wurde ungefähr 1.000 vor Christus von König David geschrieben und war eine Prophezeiung des leidenden Christus. Es gibt in dem Psalm mindestens acht wörtliche Übereinstimmungen mit Jesu' Kreuzigung, doch ein Kommentar, den ich hier vor mir liegen habe, sagt: „Dass wir wenig Wert auf diese Zufälligkeiten legen sollten."

Hier folgt der Text aus Johannes 19,23:

„Die Kriegsknechte aber, da sie Jesum gekreuzigt hatten, nahmen sie seine Kleider und machten vier Teile, einem jeglichen Kriegsknechte ein Teil, dazu auch den Rock. Der Rock aber war ungenäht, von obenan gewirkt durch und durch. Da sprachen Sie untereinander: „Lasset uns den nicht zerteilen, sondern darum losen, wes er sein soll." Auf dass erfüllet würde die Schrift, die da sagt: „Sie haben meine Kleider unter sich geteilt und haben über meinen Rock das Los geworfen." Solches taten die Kriegsknechte."

Das Wort „Rock" im Text des Johannes ist falsch übersetzt. „Chiton" steht da im Griechischen, ein weißes Kleidungsstück aus Baumwolle, das sehr weit herabhängt, bis zu den Knöcheln, sowohl von Bauern als auch von Priestern getragen.

Wenn das Losen ein Zufall ist, dann verdient es einen Ehrenplatz!

Nun steht für mich mit absoluter Sicherheit fest, dass wir es hier mit einer erfüllten Prophezeiung aus dem Alten Testament zu tun haben. Beim Losen um die Frage: „Wer bekommt das schöne Kleidungsstück?" mischt der Zufall mit.

Na und? Ist das alles? Steckt da vielleicht mehr dahinter? Wir sehen hier ein Paar Soldaten, die sich so verhalten, wie sie es immer tun. Warum wird diese kleine Geschichte von den losenden Soldaten mit so viel Nachdruck erzählt? Ich denke, dass wir hinter die wörtliche Bedeutung des Textes blicken müssen, um dem Rätsel auf den Grund zu gehen. Im Folgenden werde ich nun gleich meine eigenen Gedanken dazu vorbringen. Sie müssen nicht unbedingt richtig sein.

Wir haben es in dieser Geschichte mit vier Komponenten zu tun. Diese sind:

1. Der Gekreuzigte
2. Die Soldaten
3. Die Kleider
4. Die Handlung (das Verlosen)

Was bedeuten sie? Zuerst der Gekreuzigte:

1. Johannes schließt sein Evangelium mit den Worten: „Es sind auch viele andere Dinge, die Jesus getan hat; so sie aber sollten eine nach dem andern geschrieben werden, achte ich, die Welt würde die Bücher nicht fassen, die zu schreiben wären."

   Auf Frage 1 kann folglich keine Antwort gegeben werden. Für unsere Kultur braucht man dann einen C.S. Lewis, der erst die Ansprüche von Jesus Christus betrachtet, beispielsweise dass er die Sünden vergeben kann und er und der Vater eins sind; dass, wer ihn gesehen hat, den Vater gesehen hat; und dass er das Brot ist, das vom Himmel gefallen ist, usw. Lewis sagt dann:

   „Jesus hat uns keinen Spielraum eingeräumt zu glauben, dass er ein großer moralischer Lehrer gewesen ist und mehr nicht. Ein normaler Mensch, der Dinge sagt, die Jesus gesagt hat, könnte niemals ein großer moralischer Lehrer sein. Er wäre entweder wahnsinnig, wie beispielsweise ein Mann, der sich für ein Spiegelei hält, oder er wäre der Teufel aus der Hölle selbst. Oder dieser Mann war und ist Gottes Sohn. Man konnte ihm das Schweigen auferlegen, weil man ihn für einen Narren hielt, man konnte auf ihn spucken und ihn töten wie einen Dämon, oder man konnte ihm zu Füßen fallen und ihn „Herr" und „Gott" nennen. Doch wir wollen nicht mit herablassendem Nonsens daherkommen und behaupten, dass er ein großer Menschenlehrer war. Dafür hat er uns den Spielraum nicht gegeben, und das hatte er auch nicht im Sinn." (C.S. Lewis, „Mere Christianity", „Reine Christenheit").

   Zum Glück müssen wir bei dieser Geschichte, die wir untersuchen, nicht den Gekreuzigten und seine Bedeutung analysieren. Es geht ums Losen und um den Zufall, und daher ist nur das Stück von Bedeutung, in dem das gewebte Kleidungsstück verlost wird.

2. Die römischen Soldaten: Sie stellen das römische Reich dar. Was war das für ein Reich?
Die großen Weltreligionen betrachten die Weltgeschichte ganz anders als die westliche Wissenschaft dies seit Mitte des 19. Jahrhunderts tut. Diese dachte, dass wir uns aus einem primitiven Anfang entwickelt haben und langsam durch die Jahrtausende hindurch in den erleuchteten Zustand aufgestiegen sind, den wir heute erreicht haben.
Die Weltreligionen, insbesondere der Hinduismus und die jüdisch-christliche Lehre, besagen, dass wir von hoher Abkunft sind und uns immer mehr in die materielle Welt verstrickt haben. Die Hindus kennen die vier Stadien, durch welche dies geschehen ist. Sie heißen „Yugas“ und steigen abwärts von Gold über Silber und Kupfer bis hin zum Eisen. Wir leben im degeneriertesten Eisernen Yuga. Die alte hebräische Lehre kennt diese Zeitalter ebenfalls und nennt sie „Exile“. Diese sind, zeitlich gemessen, viel kürzer als die Yugas, doch bei diesen Dingen geht es um die Qualität, nicht um die Dauer.
Diese Zeitalter sind:

- Das Babylonische Exil unter Nebukadnezar, das noch etwas vom alten Ruhm bewahrte. Es war eine Art „Goldenes Zeitalter“, und der Herrscher erkennt nach sieben Jahren Geisteskrankheit den einen Gott an.
- Das medo-persische Exil, das silberne Reich. Hier ist das Licht gedämpft, und sogar ein Haman kann versuchen, Völkermord unter den Juden zu betreiben.
- Das griechische Reich, das kupferne Reich. Die Griechen besaßen viele kupferne Waffen. Hier kam die Vielgötterei ungestüm auf, doch die griechischen Philosophen verlegten

sich – so großmütig, wie ihre Gedanken waren – auf spitzfindige menschliche Argumente. Sokrates war der große Mann der Dialektik. Wir haben noch viel vom relativierenden Denken der Griechen bis heute bewahrt.
Das römische Exil. Das eiserne Reich. Eiserne Streitwagen, eiserne Disziplin. In Anbetracht der Staaten von Europa, die aus diesem Reich hervorgegangen sind, leben wir noch immer in diesem eisernen Exil. Eisernes Yuga und eisernes Exil fallen am Ende zusammen.
Die römischen Soldaten stellen folglich den Menschen während der Verbannung dar: Er raubt Beute (denken Sie an unsere Ausbeutung der Erde) und tötet Gott (denken Sie an Nietzsches Spruch: „Gott ist tot!“ Achten sie auf die Tatsache, dass heutzutage einer von sechs Pfarrern zwar Predigten hält, jedoch selbst nicht mehr an Gott glaubt). Und er würfelt (Denken Sie an Huizingas bedeutendes Buch „Homo ludens“, „Der spielende Mensch“. In unserer heutigen Zeit ist die Spielzeugindustrie aus den Fugen geplatzt.).

Zwei Komponenten sind nun an ihrem Platz: Der Mensch, der Gott tötet, und der sterbende Gott selbst. Ein Bild unserer gottlosen und durch und durch materialistischen Zeit, denn das römische Exil ist in unseren Tagen zu seiner vollen Größe erwachsen.

Ich danke Ihnen, liebe Leserin, lieber Leser, für die Geduld, die Sie aufgebracht haben, doch dies war eben nötig, um das zu analysieren, worum es geht: Die Punkte 3 und 4.

3. Das Verlosen ging um die aus einem Stück gewebte Tunika, ein anderes Wort für das Kleidungsstück, um das es sich handelte. Wofür steht dieses symbolisch? Das Kleidungsstück, das den Menschen umhüllt, ist in der hebräischen Lehre sein Körper.
   Als die ersten Menschen aus ihrer hohen Welt – dem Para-

dies – auf die Erde verbannt wurden, heißt es: „Und Gott, der Herr, machte Adam und seinem Weibe Röcke von Fellen und kleidete sie.“ (Die neue Übersetzung macht daraus Tierfelle, doch das ist falsch). Hier kam der Mensch buchstäblich „in sein Fell“. Er bekam den sterblichen Körper. Das gewebte Kleidungsstück Jesu ist das Symbol seines Leibes.

4. Die Handlung: Das Verlosen des Kleidungsstückes. Darum geht es nun.
   Wenn meine Symbolik stimmt, ist es das Verschachern des Leibes Jesu.
   Ich glaube, dass hier eine große Prophezeiung gemacht wird. Wir wollen einmal die Geschichte des Christentums betrachten.
   Drei Tage nach seinem Tod geschah das Unglaubliche. Jesus stand aus seinem Grab auf. Sein irdischer Leib hatte sich in etwas verändert, was nie zuvor existiert hatte – in einen glorreichen Auferstehungsleib. Jedes Atom seines vergänglichen Leibes war in eine unvergängliche Substanz verwandelt worden. Das Grab war daher dann auch leer.
   Es war die erste neue Schöpfungstat, seitdem die Erschaffung der Welt im 1. Buch Mose abgeschlossen war. Von da an war dieser Auferstandene der Versöhner, der Mittler zwischen Gott und den Menschen, die Vergebung der Sünden sowie der, der das ewige Leben schenkt. Das glauben die Christen. Später, als die Lehre von Paulus zum großen Teil ausgearbeitet wurde, wurde von einem Leib dieses auferstandenen Herrn auf Erden gesprochen: Das waren alle, die an seine Lehre der Liebe, der Vergebung und der Heilung glaubten und versuchten, es ihm nachzuleben. Sie glaubten auch, dass sie einmal mit seiner Hilfe selbst auferstehen würden.
   Beobachten Sie, was nun geschah: Die „Christen“, wie diese

Menschen sich rasch zu nennen begannen, wurden zunächst von den jüdischen Priestern und später im großen Stil von den Römern verfolgt. Viele starben als Märtyrer. Ihr zentraler Glaube war ihr auferstandener Herr. Die Auferstehung war der Mittelpunkt ihres Glaubens. Darum drehte sich alles.

Dann geschah – geistig gesprochen – eine Katastrophe. Konstantin, der Sohn des römischen Strohmannes in England, eroberte Rom und erklärte das Christentum für frei. Schnell entwickelte sich das Christentum zur Staatsreligion. Es wurde eine Ehe zwischen der neuen Kirche und der alten römischen Macht geschlossen – und mit diesem Machtprinzip wurde die christliche Kirche weltlich. Diese Entwicklung nahm zu Beginn des 4. Jahrhunderts seinen Anfang, und das Christentum ist dieser unseligen Allianz niemals mehr entronnen. Dies führte auf Dauer genau zum Gegenteil von dem, wofür das Christentum stand.

Man denke an den Kreuzzug, der von Innozenz III. (1198-1216) gegen die Albigenser befohlen worden war, bei dem eine halbe Million Menschen über die Klinge springen mussten und das wohlhabende Südfrankreich in einen rauchenden Trümmerhaufen verwandelt wurde. Und das alles, weil diese Menschen nicht an Rom glaubten. Man denke an die großen Hexenverfolgungen, die ebenfalls alle von Innozenz III. ins Rollen gebracht wurden und die bis ins 18. Jahrhundert hinein andauerten und mehr als hunderttausend unschuldigen Frauen nach abscheulichen Folterungen das Leben kosteten.

Man denke an das Abschlachten von viertausend Hugenotten in der Bartholomäusnacht (24. 8. 1572 in Paris) auf Befehl der Königinmutter Katharina de Medici. Der damalige Papst schickte ihr Glückwünsche und hielt eine Dankesmesse ab.

Die Reformation konnte nicht ausbleiben, und mit dem Aufkommen des Protestantismus kam die schreckliche Inquisition erst so richtig in Gang. Menschen, die eigentlich nur versuchten, das Christentum zu säubern, wurden in Massen auf scheußliche Weise gefoltert und verbrannt. Wir Niederländer haben dem direkt unsere Unabhängigkeit zu verdanken, weil wir unter der Führung von Willem van Oranje dagegen einen Aufstand machten. Doch auch die Protestanten waren keine Hoffnungsträger. Calvin ließ einen Widersacher verbrennen. Luther war ein ausgesprochener Antisemit. Zwingli starb mit dem Schwert in der Hand. In den Niederlanden fand der Massenmord einer Gruppe römisch-katholischer Priester statt, und die Katholiken blieben lange nach dem Umsturz noch Bürger zweiten Ranges, ungeachtet der Tatsache, dass Religionsfreiheit herrschte.

In unseren Tagen leeren sich die Kirchen immer mehr, und der christliche Glaube scheint in die größte Krise seit seinem Bestehen zu schlittern: Wird das moderne neue Heidentum überleben?

Wir kehren zurück zu der Geschichte, die wir analysieren: Die würfelnden Soldaten zu Füßen des Kreuzes – das Gewand ist ihr Einsatz. Was geschah da im Christentum?

In dem Augenblick, da das Christentum begann, sich auf Machtpolitik einzulassen, veränderte sich auch ein Stück Symbolik. Etwa bis zum Jahr 325 – dem Konzil von Nicäa – war der Kernpunkt des Glaubens die Auferstehung. Nachdem die Degeneration einsetzte, verschob sich das Hauptaugenmerk auf das Kreuz. Schon sehr bald war ein lebendiger Handel um die „echten Teile des Originalkreuzes“ entstanden.

Das Kruzifix, mit dem gefolterten Leib Jesu, rückte in den Mittelpunkt des Interesses. Dem ausgeklügeltsten Marterwerkzeug, das sich römische Köpfe ausgedacht hatten, an dem der zu Tode gemarterte Leib Jesu hing, galt der neue Fokus des Christentums.

Die Betonung, die inmitten der schrecklichen Verfolgungen der ersten drei Jahrhunderte des Christentums auf der Auferstehung und dem ewigen Leben gelegen hatte, verschob sich nun auf Folter und Tod, und Folter und Tod folgten in der Außenwelt ganz schnell im großen Stil. Es war eine Umkehr der Mentalität um 180 Grad eingetreten. Die Kirche – es ist ganz schlimm, es sagen zu müssen – vertrat denjenigen nicht mehr, dem sie den Namen zu verdanken hatte.

Man könnte allgemein sagen, dass die christlichen Gemeinschaften vor dem Jahr 325 nach Christus ihren Herrn wirklich vertraten. In der Sprache des Paulus waren sie „der Leib des Herrn", sein ausführendes Organ auf Erden. Nach 325 wurde die Kirche ein rein menschliches Institut. In und außerhalb dieser Kirche befanden sich noch wahre Christen. Wir erinnern uns an sie als große Vertreter Christi, beispielsweise Franz von Assisi oder etwas später der sanfte Humanist Erasmus, oder in unserer heutigen Zeit Mutter Teresa, Pater Pio oder Corrie ten Boom und unzählige weitere. Doch „der Leib Christi" war nach 325 unsichtbar geworden: Eine Gruppe von Menschen, durch Zeit und Raum verstreut, die das Christentum lebendig hielten, und daneben die Institution Kirche, eine menschliche Organisation, die in viele kirchliche Splittergruppen aufgeteilt ist, die zwar behaupteten, „der Leib Christi" zu sein, es jedoch nicht waren.

Die römischen Soldaten (der Mensch aus dem römischen Exil) hatten einen toten Körper (das alte Kleidungsstück) in den Mittelpunkt des Interesses gerückt und darum gelost, um etwas daran zu verdienen, aber letztendlich nur im Spiel. Gespielt, als seien sie der Leib, gespielt, als seien sie Christen. Ab und zu flammte im Christentum das alte Pfingstfeuer wieder auf, und dann sah man echte Christen, doch leider erstarb viel von diesem Feuer wieder. Die Christen versuchten zwar schon, dem Körper neues Leben einzuhauchen, doch sie taten dies, indem sie es ökumenisch machten, durch die Fusion von Kirchen – als könne man durch eine bessere Organisation den Heiligen Geist unter Kontrolle bekommen. Ich denke beispielsweise an den Weltkirchenrat.

Ich hatte in der Praxis eine liebe Nonne. Sie hatte lange Zeit im Kongo als Missionarin gearbeitet. Als dort der große Krieg begann, wurden alle Nonnen von den Aufständischen vergewaltigt. Sie war wie durch ein Wunder mit heiler Haut davongekommen. Als die neue Macht gefestigt war, kam ein hoher Funktionär des Weltkirchenrates zu Besuch, und die Nonnen kamen, um ihm zu erzählen, was geschehen war.

„Das habt ihr euch selbst zu verdanken", sagte er und ging dann wieder mit den neuen Machthabern fein zum Abendessen. Und dann der Gedanke, dass er just bei meiner Mutter in Leuwarden in der Klasse gesessen hatte. Die liebe Nonne aus meiner Praxis war selbst beim Gespräch mit dabei gesessen – ihre Geschichte ist authentisch.

Auch die Griechisch-Orthodoxe Kirche entronn nicht dem allgemeinen Los dessen, was sich als *Christliche Kirche* bezeichnete. Während der Sowjetzeit war Bischof Nikodim, in Russland einer der höchsten kirchlichen Führer, zugleich Oberst des KGB, desselben Organs, das versuchte, das Christentum auszurotten. Viele Priester waren Verräter des Geheimdienstes. Die wahren Christen nannten es „das Greuel der Verwüstung", nach einem Text von Daniel. Doch es entstand auch eine blühende Kirche im Untergrund, genau so, wie heute noch an Orten, wo das Christentum verfolgt wird. Wenn man unter diesen Umständen Christ ist, immer in Gefahr, alles, sogar das eigene Leben, zu verlieren, dann fallen die Scheinchristen ab. In den Kirchen des Untergrundes, zu Zeiten der kommunistischen Geißel, kamen, wie es Priester Wurmbrand so treffend beschreibt, der so viele Jahre eingesperrt und vielfach gefoltert worden war, die alten Kirchen der ersten drei Jahrhunderte wieder zum Vorschein, die sich zu

Recht „Leib Christi“ nennen durften. Ich habe Wurmbrand persönlich getroffen, und es war, als befände ich mich in der Gesellschaft eines alten Apostels, der direkt aus dem 1. Jahrhundert kann.

Diese kleine Geschichte von den würfelnden Soldaten, die versuchten, das Gewand des gekreuzigten Jesus zu gewinnen, birgt meines Erachtens eine schreckliche Tragödie in sich, die sich innerhalb von zweitausend Jahren am Christentum vollzogen hat.

Es ist die Tragödie der Spaltung zwischen den wahren Vertretern Christi, seines „Leibes“, die sich gar nicht in der Kirche befinden und vielleicht oft von sich selbst nicht wissen, dass sie zu diesem Leib gehören, und den offiziellen, von Menschen organisierten Kirchen, die ganz oft glauben, sie würden Christus vertreten, sein „Leib“ sein, aber leider nichts anders als ein toter Leichnam sind. Nur zu Zeiten von Verfolgungen, und diese sind auch in unserer heutigen Zeit noch sehr gut möglich, fallen auf einmal wahre Christen und ihre (oft geheimen) Organisationen wieder zusammen, und die Spaltung ist aufgehoben.

So sehen wir, wie in einer winzig kleinen Geschichte im Neuen Testament der Zufall in Form eines Spielchens, das von ein paar Soldaten gewagt wurde, deren Geschäft es ist, jemanden zu ermorden, in voller Lebensgröße anwesend ist und prophetische Allüren annimmt.

Er scheint zu den Menschen im eisernen römischen Exil, das in unseren Tagen seinen Höhepunkt erreicht hat und demnächst auslaufen wird, zu sagen: „Spielt nicht mit dem Tod. Wählt das Leben!“

Um dieses Kapitel abzuschließen: Ist es empfehlenswert, den Zufall mit Hilfe von I Ging, Stundenhoroskop, Tarotspiel und dergleichen einzuladen?

Nein, ich glaube, dass dies alte Systeme sind, die ausgedient haben.

Wir gehen nach dieser eisernen Zeit einer neuen Zeit entgegen. Diese wird mit den verschiedensten Namen bezeichnet: „Das New Age“ („Das Neue Zeitalter“) oder „Das Wassermann-Zeitalter“. Suchen Sie sich etwas aus. Es gibt für jeden etwas.

Das Christentum bezeichnet die kommende Zeit manchmal als das „Zeitalter des Heiligen Geistes“, und das passt dann schön zum Wassermann-Zeitalter, denn der Wassermann ist derjenige, der aus seinem Krug das lebendige und Leben spendende Wasser ausschenkt.

Ich denke, dass die Krise, in der sich das Christentum befindet, unter anderem eine Folge der Tatsache ist, dass der Mensch alle vermittelnden menschlichen Instanzen ein wenig satt hat und eine direkte Verbindung zum Himmel haben möchte. Hier tritt eine Schwierigkeit auf. Viele suchtkranke Menschen sagen zu mir: „Ich bete zwar, doch meine Gebete werden nie erhört.“

Dann sage ich: „Legen Sie ein Tagebuch an, schreiben Sie Ihre Gebete so wörtlich wie möglich auf, und sehen Sie dann nach einem halben Jahr oder nach einem Jahr einmal nach, was davon in Erfüllung gegangen ist. Dann werden Sie sehen, dass manches sich ganz im Stillen erfüllt hat und Sie das einfach vergessen haben. Andere Gebete haben sich anders und besser erfüllt, als Sie dachten. Manche sind auf einmal nicht mehr wichtig. Es gibt auch unerfüllte Gebete, doch wenn Sie dann genau hinschauen, stellt sich heraus, dass Sie dabei etwas gelernt haben.“

Im Grunde geht kein einziges Gebet, das von Herzen kommt, verloren, und ich persönlich bin davon überzeugt, dass ein Gebet problemlösend wirkt und weit über Horoskope, I Ging und Tarot hinausgeht, wenn man davon ausgeht, dass es erhört wird.

Und was so schön ist: Manchmal kommt die Erfüllung ganz originell durch einen lustigen Zufall aus der Luft herab. Die Dinge fallen Ihnen einfach in den Schoß.

12

Mit einem lachenden und einem weinenden Auge

Scherz und Drama gehen Hand in Hand. Sie gehören zusammen wie die Flöhe zur Katze. Viele Witze wurden in schweren Zeiten geboren. Ich glaube, dass unser Schöpfer einen herrlichen Sinn für Humor hat und verstehe nicht ganz, warum dieser Aspekt niemals erwähnt wird, zumal doch sein Sohn in ein Volk hineingeboren wurde, das zu den spirituellsten Völkern auf Erden gehört, wenngleich es auch eines der am meisten verfolgten ist.

Wenn wir wirklich nach Gottes Ebenbild erschaffen sind, dann muss Gott einen ausgeprägten Sinn für Humor haben. Humor ist beim Menschen gleichsam mit 'eingebacken'. Sogar Babys lachen schon schallend.

Eigentlich ist ein Witz sehr eng mit dem Zufall verwandt, weil zwei Dinge, die einander auszuschließen scheinen, plötzlich zusammentreffen, und das reizt die Lachmuskeln. Allein schon Stilblüten können dies zeigen.

In einem Kirchenblatt stand: „Lassen Sie sich nicht von Sorgen in den Tod treiben. Lassen Sie sich von der Kirche dabei helfen."

Ein Versicherungsformular war folgendermaßen ausgefüllt: „Der Fußgänger wusste nicht, auf welche Straßenseite er rennen solltc, also überfuhr ich ihn."

Max Tailleur erzählte Folgendes: „Sam ist auf Reisen und wohnt in einem Hotel. Er findet in seinem Nachtkästchen eine Bibel und blättert darin herum. Auf der ersten Seite steht geschrieben: „Wenn Sie sich nicht wohl fühlen, lesen Sie Psalm 103, bei Sorgen den Psalm 34, bei Einsamkeit Psalm 23."

Er schlägt Psalm 23 auf und sieht, dass unter dem Psalm geschrieben steht: „Wenn Sie nach der Lektüre dieses Psalms immer noch einsam sind, rufen Sie bei Zimmer 42 an und fragen Sie nach Nellie.""

Ja, und dann ist da die *kleine Schlange*, die ihre Mutter fragt: „Mama, sind wir die Art von Schlangen, die ihre Beute erwürgen, oder töten wir sie mit Gift?"

„Mit Gift, wieso?", fragt ihre Mutter.

„Ich habe mir gerade in die Lippe gebissen."

Es ist nicht leicht zu verstehen, warum wir lachen. Sobald man einen Witz erklären muss, ist er nicht mehr lustig. Bei einem Witz sind wir für einen Moment mit jenem großen Ozean der Freude verbunden, der unter der Oberfläche unseres Lebens brodelt und tobt, aus dem das Lachen spontan aufsteigt, und wo das „Kapieren" schneller geht als das „Verstehen". Auch der echte Zufall besitzt diese Eigenschaft.

Der Zufall ist wirklich ein Witz, der aus dem Himmel kommt – manchmal. Es gibt auch andere Zufälle. Ich hoffe, dass Sie nun richtig aufgewärmt sind, damit wir wieder loslegen können.

Ich habe einen englischen Freund namens Leon Wyman. Er ist ein großer Shakespeare-Kenner und überdies noch ein leidenschaftlicher Anhänger der These, dass William Shakespeare das Pseudonym des Staatsmannes, Naturwissenschaftlers und Dichters Francis Bacon war. Er hat beeindruckende Beweise hierfür gesammelt.

Leon schickt mir regelmäßig die schriftlichen Unterlagen zu den Kursen, die er über Shakespeare hält, und darüber korrespondieren wir dann.

Am 3. Mai 1987 war er mit seiner Frau bei mir zu Besuch. Sie bekamen das Schlafzimmer im Westen im zweiten Stock, mit

Fernblick auf die Dünen. Wir wohnen ungefähr sechs Kilometer vom Meer entfernt.

Abends saßen wir im Hinterzimmer, zwei Stockwerke unter seinem Schlafzimmer, und unterhielten uns. Das Gespräch kam auf Shakespeare, insbesondere auf sein Drama *König Lear.* In diesem Stück handelt eine der dramatischen Szenen während eines heftigen Sturmes. Hier folgt ein Auszug aus der betreffenden Szene:

Kent: „I know you. Where‘s the King?“
Gentleman: „Contending with the fretful elements;
Bids the wind blow the earth into the sea,
Or swell the curled waters ‚bove the main‘
That things might change or cease; tears his white hair,
Which the impetuous blasts, with eyeless rage,
Catch in their fury, and make nothing of;
Strive in his little world of man to out-scorn
And to-and-fro conflicting wind and rain.“

Kent:
„Ich kenn’ euch. Wo ist der König?“
Ritter:
„Im Kampf mit dem erzürnten Element.
Er heißt dem Sturm die Erde weh’n ins Meer,
Oder die krause Flut das Land ertränken,
Dass alles sich auflöse und vergeh’,
Rauft sich das weiße Haar, das wüt’ge Windsbraut
Mit blindem Grimm erfasst und macht zum Spott.
Er will in seiner kleinen Menschenwelt
Des Sturms und Regens Wettkampf übertrotzen.“

Während wir noch ganz in König Lear vertieft waren, wurde der geruhsame Abend jäh von einem jener plötzlichen Südweststürme unterbrochen, die ab und zu die Küste heimsuchen. Außer dem tobenden Sturmwind erklang noch ein anderes Geräusch. Leon hatte als echter Engländer sein Schlafzimmerfenster hübsch aufgemacht, und ein heftiger Windstoß riss das ganze Fenster los, warf es auf die schräg nach unten verlaufenden Dachziegel, wodurch es laut ratternd abwärts rutschte und letztendlich mit einem dröhnenden Schlag auf den Pflastersteinen unseres Hinterhofes landete, einige Meter von der Stelle entfernt, wo wir saßen und uns unterhielten. Es war eine spektakuläre Begleitmusik zu dem Drama über den alten König, der dem Wahnsinn verfallen war.

Den Hintergrund zur nächsten Geschichte bildet Darwins Evolutionslehre.

Es gibt zwei unvereinbare Denkrichtungen (Schulen) im Hinblick auf den Ursprung der Welt, nämlich die Schöpfungslehre, die glaubt, dass die Welt von Gott erschaffen wurde, und die Evolutionslehre, die glaubt, dass die Welt nur zufällig entstanden ist. Es gibt auch eine scheinbare Zwischenform von Pierre Teilhard de Chardin (1881-1955), der sagt, dass Gott die Welt mit Hilfe der Evolution erschaffen hat. Ich sage 'scheinbare', denn Teilhard positioniert die Evolution als höchste Macht, auf die Gott hören muss, doch dann ist man „Vollblut-Evolutionstheoretiker“ – und nichts anderes.

Es gibt auch noch eine echte Zwischenstufe, die nach langjährigen Forschungen zu der Schlussfolgerung gekommen ist, dass die einzige Erklärung für diese Welt die ist, dass ihr ein intelligenter Plan zugrunde liegt. Von wem dieser Plan stammt, lassen sie aber dahingestellt.

Bis zur Französischen Revolution waren die meisten Wissenschaftler Anhänger der Schöpfungstheorie. Wenn wir einmal einen raschen Blick über die Geschichte schweifen lassen, dann stoßen wir auf folgende Reihenfolge:

Leonardo da Vinci, Johann Kepler, Francis Bacon, Blaise Pascal, Robert Boyle, Galileo, Kopernikus, William Harvey, Isaak Newton, Linnaeus, Faraday, Morse, Bell, Dalton, Proust, Pasteur, Mendel, und das ist nur eine kleine Blütenlese von Namen, die in der Wissenschaft bekannt sind, mehr als bekannt. Unser gesamtes Weltbild wurde und wird von diesen Menschen bestimmt.

Erst nach Darwin wurde es bei der intellektuellen Elite Mode, sich immer mehr von der Schöpfungstheorie abzuwenden und der materialistischen, atheistischen Weltanschauung anzuhängen. Evolution, so stellte sich damals heraus, war gar keine wissenschaftliche Theorie, sondern eine neue Art von Religion, bei völliger Intoleranz eben dieser.

Dass die Evolution keine Wissenschaft, sondern eine Glaubensrichtung ist, wurde 1977 noch einmal von einem klugen englischen Anhänger der Evolutionstheorie bekräftigt, der seufzte: „Das mit der Evolution stimmt schon, aber man braucht eine gehörige Portion Glauben, um es glauben zu können."

Andererseits gibt es einige Rufer in der Wüste unter den seriösen Wissenschaftlern, die nach eingehendem Studium aller Fakten und unter Berücksichtigung der neuen Entwicklung in der Zellbiologie zu der Schlussfolgerung gekommen sind, dass die Evolutionstheorie ein Irrtum ist. Ich nenne Denton, Behe und zuletzt Vij Sodera, der in seinem herrlich illustrierten Buch – ganz von der Seite der modernen Wissenschaft kommend – zu folgendem Schluss gelangt: „Was die Anhänger der Evolutionstheorie behaupten, stimmt nicht. So kann es nicht vor sich gegangen sein." (Ich zitiere ihn hier wortwörtlich. Er hat es aufgeschrieben, es mir aber auch noch einmal telefonisch bestätigt). Er ist von Beruf Chirurg.

Ich gehe hier nicht auf die Argumente beider Seiten ein. Ich habe ein ganzes Buchregal voll darüber. Eines möchte ich jedoch nochmals betonen: Die Wut, die Schärfe, die Hoffnung und die Verachtung, mit der die Vertreter der Evolutionstheorie jedem begegnen, er ihnen nicht glaubt. Man muss sich als Student gehörig in Acht nehmen, wenn man nicht gemäß der Evolutionstheorie denkt. Alle Fachzeitschriften enthalten Artikel, die unsere Welt aus der Sicht der Evolution erklären. Ihre Anhänger haben großen Einfluss.

Als Bildungsministerin Maria van der Hoeve im Kabinett „Balkenende 3" einen Vortrag hielt, um in der Schule neben der Evolutionstheorie auch die Lehre einzuführen, dass hinter der Welt ein Plan steht, wurde darüber nicht diskutiert, sondern sie wurde von den Anhängern der Evolutionstheorie als „Stinkfisch" beschimpft. Hätten wir hier Zustände wie im 16. Jahrhundert, so wäre sie mit Sicherheit auf dem Scheiterhaufen verbrannt worden.

Hier kommt nun der Zufall ins Spiel: Eine meiner Patientinnen war mit einer amerikanischen Professorin befreundet. Sie hatte diese Professorin, die Christin war und gern über die Bibel sprach, schon einige Male mit zu mir in die Sprechstunde genommen.

Am 4. Juli 1994 wohnte die Professorin wieder bei meiner Patientin, und sie wollten morgens auf eine Tasse Kaffee vorbeikommen. Es war ein recht schwüler Tag. Im Süden lag eine drückende Luft mit jenem Zwielicht, das manchmal herrscht, wenn ein Unwetter im Anzug ist.

Ich saß oben in meinem Zimmer und schrieb, und genau um 11 Uhr läutete es am Vordereingang. Ich hörte, wie meine Frau zur Tür lief und den Gästen öffnete. In dem Augenblick, als die Professorin hereinkam, gab es draußen einen heftigen Blitz, gefolgt von einem ohrenbetäubenden Donnerschlag, der das ganze Haus erschütterte und ein Gewitter einleitete, das sich über zwei Stunden hinzog.

Während wir gemütlich zusammensaßen und Kaffee tranken, erzählte die Professorin mir von ihrem Leben an der Universität.

Plötzlich sagte sie: „Ich bin sehr empört über das, was kürzlich passiert ist. In einer unserer Abteilungen wurde ein neuer Professor ernannt, und nun stellt sich heraus, dass er – wohlgemerkt – ein Anhänger der Schöpfungstheorie ist!“ Ich erzählte der guten Professorin, dass ich das ebenfalls sei, und erklärte, aufgrund welcher Argumente ich dieser Meinung war. Das Ergebnis war erschütternd. Sie explodierte förmlich. Der ganze Raum schien wie elektrisch aufgeladen, sie war rasend vor Wut. So schnell wie möglich, und so weit es die Höflichkeit zuließ, brach sie ihren Besuch ab, und die beiden Damen gingen ins Unwetter hinaus. Später berichtete mir meine Patientin, dass die Professorin beinahe die ganze Strecke über, während das Auto langsam durch den strömenden Regen kroch, schäumend vor Wut dasaß und über meine Frechheit herzog, an dem Glauben zu zweifeln, den die ganze wissenschaftliche Welt als die Wahrheit betrachtete.

Nur eine Stunde nach ihrem Aufbruch fiel mir der Zufall plötzlich auf: Der völlig unerwartete Donnerschlag, als sie meine Schwelle übertrat, und die völlig unerwartete Explosion, als ich meinen Standpunkt zur Evolutionstheorie kundtat.

Ich habe nie mehr von ihr gehört.

Am 19. November 1996, gerade als wir in unserer Ärzte-Gruppe auf der Suche nach Zufällen waren, erzählte eine meiner Patientinnen folgende Geschichte. Eine ihrer besten Freundinnen hatte eine Tochter, die auf eine weiterführende Schule ging.

Sie war gemeinsam mit einer Freundin und zwei Jungen im Auto auf dem Weg zu einer Jugendkonferenz in Deutschland. Sie waren morgens ganz früh losgezogen und fuhren bei Sonnenaufgang durch Deutschland.

Sie saßen da und unterhielten sich. Ihr Gespräch drehte sich um den Tod. Eines der Mädchen sagte: „Na, wenn man dann doch sterben muss, ist es mir am liebsten, wenn es auf einen Schlag geht."

Der Rest war sich über diese Aussage einig. In diesem Augenblick sah der Fahrer des Wagens dicht vor sich in dem noch vagen Morgenlicht einen Lastwagen, der stehengeblieben war. Mit all seiner Kraft riss er das Steuer herum, das Auto schoss zur Seite, schlingerte, traf den Lieferwagen mit einem harten Schlag an der Seite und kam zum Stillstand. Der Fahrer stieß einen tiefen Seufzer aus und sagte: „Puh, das war beinahe ein Treffer!" Dann schaute er sich nach seinen drei Mitinsassen um. Sie waren alle drei tot. Er selbst war es, der mir später dieses letzte Gespräch erzählte.

War es eine Vorahnung? Zufall? Es ist beinahe unmöglich, aus solch einem schrecklichen Erlebnis Schlussfolgerungen zu ziehen, doch ich glaube nicht, dass diese letzte Unterhaltung einfach so aus heiterem Himmel kam. Hier zeigte sich der Zufall von seiner ernsten, ja sogar fatalen Seite.

Die folgenden beiden Zufälle ereigneten sich während des Zweiten Weltkrieges – und beide retteten mir das Leben.

Im August 1944 waren die Alliierten Truppen in den Norden und Osten durch Frankreich und Belgien vorgeprescht und näherten sich der niederländischen Grenze. Da geschah etwas höchst Merkwürdiges. Es war Dienstag, der 5. September 1944, und plötzlich verbreitete sich unter der ganzen Bevölkerung ein Gerücht.

„Die Alliierten haben den Fluss überquert."

„Rotterdam ist befreit."

„Sie haben Den Haag erreicht. Ja, eine Nichte meines Freundes hat das telefonisch bestätigt."

Sie kamen über das Blumenzwiebeln-Anbaugebiet Bollenstreek! Die Menschen holten ihre orangen Schleifen hervor, die sie vor dem Krieg immer am „Königinnen-Tag" angesteckt hatten (Im Krieg drohte einem, dafür ins Gefängnis zu kommen, wenn man das tat.). Manche hängten die sorgfältig aufbewahrte niederländische Flagge auf. Die Menschen versammelten sich am Straßenrand und hielten sehnsuchtsvoll Ausschau nach den nahenden Befreiern. NSB'ler (die Landesverräter) begannen, nach Osten zu flüchten, Richtung Deutschland, und sogar deutsche Truppen setzten sich in Bewegung. Die Spannung war beinahe unerträglich. „Dolle Dinsdag" („Närrischer Dienstag") sollte dieser Tag später genannt werden, denn es stimmte überhaupt nicht. Eine echte Massenhysterie.

Hinterher folgte die völlige Desillusionierung.

Dann, am 17. September, kamen die großen Luftangriffe, die Operation „Market Garden". Das Ende des Krieges und der verhassten Besetzung schien nahe.

Am 19. September erhielten alle Einwohner von Bloemendaal und Santpoort-Süd, die nördlich einer willkürlich gezogenen Linie wohnten, die Nachricht, dass sie innerhalb von drei Tagen ihre Häuser verlassen mussten. Warum dies geschah, ist niemals geklärt worden. Man sagt, dass die Deutschen einen Einmarsch über „IJmuiden" erwarteten, doch das war purer Unfug. Es war wahrscheinlich einfach Schikane aus Wut über den „Dolle Dinsdag" und die Freude, den gehassten Besetzer abrücken zu sehen.

Wir hatten nur ganz wenig Zeit, einen neuen Unterschlupf zu finden, und die meisten zogen „für die letzte kurze Phase der Besetzung", die man höchstens auf einige Wochen schätzte, zu Freunden und Bekannten nach Süd-Bloemendaal und Aerdenhout. Die Deutschen erschwerten die Evakuierung, indem sie jedes Fahrrad, das sie sahen, „beschlagnahmten", ihre gebräuchliche Vokabel für „stehlen".

Wir landeten bei den Eltern meines Freundes Gerrit. Sie wohnten in der Zandvoort-Allee, denn sie waren schon vorher aus ihrem Haus in Vinkenduin hinausgeworfen worden.

Dann kam die Niederlage bei Arnheim, und da saßen wir nun. Die Alliierten blieben südlich vom Rhein stecken.

Die niederländische Regierung in London hatte einen totalen Bahnstreik angeordnet, um die Offensive bei Arnheim zu unterstützen. Die Deutschen wurden zu wahren Teufeln. Alle Nahrungsmittellieferungen für die Bevölkerung in die „Festung Holland“, wie es nun hieß, wurden gestoppt, und langsam aber sicher rückte der lange, eiskalte Winter näher. Es gab kein Gas, keinen Strom und beinahe nichts zu essen. Dieser Hungerwinter kostete Tausenden von Menschen das Leben.

Außerdem waren die Straßen für alle jungen Männer – ich war damals 19 – ziemlich gefährlich geworden. Die Deutschen machten mitleidlos auf uns Jagd, weil wir Sklavenarbeit in der deutschen Kriegsindustrie verrichten sollten. Viele junge Männer tauchten bei Bauern in den Poldern unter, wo es noch genügend zu essen gab.

Man konnte sich dort außerdem viel besser verstecken als in den Städten.

Um nun zu verstehen, was geschah, müssen Sie als Leser etwas mehr über die Geographie von Haarlem und Umgebung wissen.

Die Stadt, die zwischen Amsterdam im Osten und dem Meer im Westen liegt, wird dort von einer Reihe von Gemeinden flankiert, von welchen das in Richtung Dünen gelegene Bloemendaal die Größte ist. Aerdenhout im Süden ist Teil dieser weitläufigen Gemeinde.

Ganz in der Nähe des Ortes, wo mein Vater, meine Mutter und ich nun bei unseren Freunden wohnten, war eine gigantische Betonmauer errichtet worden, die quer durch die Dünen verlief, ein Teilstück der atlantischen Verteidigungslinie, die von Nord-Norwegen bis an die Grenze Spaniens verlief. Auf der Mauer stand in zwei Sprachen: „Mauer“/„Muur“.

Sie hieß folglich im Volksmund immer die „Mauermuur“ und schnitt den Weg zum Meer hin ab.

Am 5. Dezember 1944 kehrten viele junge Männer für eine

Nacht aus den Quartieren, in welchen sie untergetaucht waren, zurück, um Nikolaus bei ihren Familien zu feiern.

Während sie vorsichtig nach Hause schlichen, waren sie sich der Tatsache nicht bewusst, dass die Deutschen ganz gut darüber Bescheid wussten, was da ablief, und entsprechend ihre finsteren Pläne schmiedeten.

Während der Nacht nahmen deutsche Truppen heimlich ihre Stellung ein und bildeten um Haarlem herum einen eisernen Gürtel, ausgehend von der Außenseite der Randgemeinden. In Bloemendaal und Aerdenhout war dies der östliche Dünenrand, ungefähr entlang der „Mauermuur". Noch im tiefsten Dunkel begann die große Razzia. Langsam aber sicher arbeiteten sich die Truppen nach innen vor und durchsuchten die Häuser nach Männern.

Ich wohnte genau an dem Rand, an dem die Razzia ihren Anfang nahm. Mein Zimmer war ein kleines Kämmerlein, ohne Gardinen, neben der vorderen Haustüre.

Um sieben Uhr wurde ich vom Vater meines Freundes geweckt, der sagte, dass auf der Straße reges Treiben herrsche und ich mich am besten anziehen solle. Gerrit, der im Hinblick auf den Nikolaus-Tag auch zu Hause war, wurde ebenfalls gewarnt.

Ich nahm ein Streichholz, um die Öllampe anzuzünden, doch ein unbehagliches Gefühl ergriff von mir Besitz. Ich warf einen Blick zum Fenster – und da, mit dem Gewehr im Anschlag, stand ein deutscher Soldat und versuchte zu erkennen, was sich in dem Kämmerchen befand. Ich erstarrte, ließ mich ganz langsam zu Boden sinken und kroch aus dem Zimmer. Dann rannte ich nach oben, um Gerrit zu warnen. Er hatte seine Hose und seinen Pullover bereits an. Ich sagte ihm, dass wir uns davonmachen mussten, denn im Haus gab es keine Versteckmöglichkeiten. Wir ergriffen beide unsere Regenjacken. Ich zog die meine über meinen Pyjama, und dann rannten wir zur Gartentüre, während gegen die Vordertüre gehämmert wurde.

Vorsichtig öffneten wir das Gartentor. Es herrschte lautes Geschrei auf den Straßen, doch hier war es ruhig. „Aufmachen!“, ertönte es an der Vordertüre. „Bumm, Bumm, Bumm. Aufmachen!“

Wir schlichen uns in den Garten. Es lag eine dünne Schneeschicht. Wir waren beide barfuß, doch Gerrit hatte seine Schuhe mitgenommen und trug sie in der Hand. Wir krochen durch einige Gärten und überquerten vorsichtig zwei Wege, bis wir die Straße erreichten, die an die Dünen angrenzte, ein Gebiet, das „Naaldenveld“ („Nadelfeld“) hieß. Wir wollten quer durch das Naaldenveld zum Haus von Gerrits Onkel fliehen, der ungefähr zwei Kilometer entfernt in der „Leeuweriken-Allee“ wohnte. Hoffentlich hatten wir dann die Razzia hinter uns gelassen.

Gerade als wir über den Weg eilen wollten, sah ich die dunklen Umrisse eines Überfallwagens von rechts herankommen. Ich gab Gerrit einen Schubs, und wir tauchten in einem tiefen Graben entlang des Weges unter. Glücklicherweise verdeckte meine Regenjacke meinen hellen Pyjama. Wir sahen, wie sich die Silhouetten der deutschen Soldaten, die auf dem offenen Pritschenwagen saßen, mit ihren Gewehren gegen den noch dunklen Himmel abzeichneten. Im Abstand von zwei Metern fuhren die Reifen an unseren Köpfen vorbei. Gerrit konnte nun endlich seine Schuhe anziehen, und hastig schlichen wir über den Weg, hinein in die Dünen. Ein bleicher dünner Mond leuchtete uns den Weg, als wir begannen loszurennen. Ich lief voraus.

Ich erinnere mich noch lebhaft an meinen Gemütszustand. Ich war in höchstem Maße wach – im Hier und Jetzt. Mir fiel auf, dass ich nicht den direkten Weg auf das Haus nahm, das unser Ziel war, sondern einer merkwürdig schlingernden Spur folgte, einmal hier um eine Düne rechts herum, dann um eine Gruppe Bäume links herum. Jedoch immer weiter in einem rhythmischen Trab, auf bloßen Füßen durch die verschneite Naturlandschaft. Es war, als würde mich eine unsichtbare Kraft lenken, der ich einfach gehorchte.

Wir rannten und rannten, und endlich erreichten wir den Hinterhausgarten des großen freistehenden Hauses, das unser Ziel war. Wir durchquerten die Grasfläche zur Rückseite des Hauses hin und hatten gerade vor, außen herumzulaufen, um die Vordertür zu erreichen, als Gerrit einfach die Hintertüre ausprobierte. Zu unserer Überraschung war sie nicht abgeschlossen. Wir betraten das Haus, und wenig später standen wir im Schlafzimmer von Gerrits Onkel und Tante. Sie schliefen tief und fest, wurden jedoch durch diese plötzliche Ruhestörung mit einem Schock wach.

„Was tut ihr hier, verdammt noch mal!“, brummte Onkel „Snor“ (Schnurrbart“), wie sein Spitzname lautete, der ansonsten ein supernetter Mann war. Wir erklärten, dass wir vor einer Razzia geflüchtet waren. Onkel Snor sprang aus dem Bett, schaute zum Fenster hinaus und sah überall deutsche Soldaten. Hastig nahm er uns mit nach unten, schlug den Teppich im Wohnzimmer zurück, öffnete eine verborgene Luke, und wir krochen unter den Fußboden. Er warf einige Decken hinterher, schloss die Luke, und – wie ich erst vierzig Jahre später erfuhr – schickte seine Tochter zum Garten hinter dem Haus, wo sie zwei Fußspuren aus den Dünen kommen sah, die geradewegs auf die Hintertüre zu führten. Die eine Spur stammte von einem Paar Schuhe, die andere von bloßen Füßen. Sie kehrte sie schnell weg. Dies war eine weise Vorsorgemaßnahme, denn die deutschen Soldaten liefen ab und zu durch den Garten. Wir begriffen dann erst, dass die Razzia viel größer war, als wir anfänglich gedacht hatten. Jedes Mal, wenn die Soldaten in die Nähe des Wohnzimmers kamen, legte Onkel Snor eine Grammophonplatte auf. Er besaß noch so ein Koffer-Grammophon, das man aufziehen musste, mit Stahlnadeln, die regelmäßig ausgewechselt werden mussten. Wir wussten dann, dass sich die Gefahr in unmittelbarer Nähe befand.

Um zwei Uhr nachmittags war die Razzia endlich vorüber. Onkel Snor öffnete die Luke und rief: „Nun kommen Sie da mal raus!“ Gerrit flüsterte mir ins Ohr: „Da steht ein ‘Teutone’ mit einer Pistole neben ihm!“

Die rettende Türe

Doch ich wagte den Weg nach draußen, und die Luft schien rein zu sein. Erst später, als wir alles überblicken konnten, begriffen wir, was für ein riesiges Glück wir gehabt hatten. Wie oft uns der *Zufall* zu Hilfe gekommen und wie gesegnet unsere Flucht gewesen war.

Die Deutschen hatten erwartet, dass viele Jungen versuchen würden, durch die Dünen zu entkommen, und hatten überall im Naaldenveld schwer bewaffnete Posten eingesetzt. Fast alle Jungen, die diesen Fluchtweg gewählt hatten, wurden gefangengenommen, doch irgendwie war ich mit meinem merkwürdigen Slalom um all diese Stellen herumgelaufen. Wir dachten während der gesamten Fluchtstrecke, dass wir allein im Dünengebiet waren. Stattdessen wimmelte es nur so vor Soldaten.

Außerdem hatten wir uns dem Haus von Gerrits Onkel von der einzigen Seite aus genähert, an der keine deutschen Soldaten standen. Wären wir zur Vordertüre gelaufen, so wären wir den Deutschen direkt in die Arme gerannt.

Und hier folgt nun der Grund, weshalb ich diese Geschichte mit aufgenommen habe. Die Hintertüre hätte abgeschlossen sein müssen. Die Tatsache, dass sie offen war, hat uns das Leben gerettet. Warum war sie offen? Erst vierzig Jahre später, als Gerrit und ich in unseren Erinnerungen kramten, erfuhr ich bei der gleichen Gelegenheit, als er mir vom Wegfegen der Spuren erzählte, wie es sich wirklich zugetragen hatte.

Die Haushälterin hatte nachts heimlich ihren Freund empfangen, und als er wegging, hatte sie vergessen, die Türe hinter ihm abzuschließen.

Es ist ein herrliches Beispiel für Zufall – zwei voneinander unabhängige Ereignisse, nämlich unsere Flucht und die Eskapade der Haushälterin, die zusammenfielen und uns retteten.

Nahezu dreitausend Männer und Jungen wurden an diesem Tag gefangengenommen und direkt zum Lager bei Rees überführt, gleich hinter der deutschen Grenze. Es war ein hartes Lager. Im eiskalten Winter mit viel Schnee gab es auch in den Baracken mit ihren kaputten Dächern keinen Schutz gegen die Kälte. Es gab wenig zu essen, es mussten Schützengräben angelegt werden, die Wachmannschaft war sadistisch und schlug einfach drauflos, und zu allem Überfluss der Katastrophe brach der Flecktyphus aus, eine lebensgefährliche Krankheit, die durch Kleiderläuse übertragen wird. Viele junge Menschen starben dort. Ich hätte das mit Sicherheit nicht überlebt, denn ich war in Watte gebettet: Das einzige Kind, nicht an Entbehrungen gewöhnt, und keine stählerne Kondition. Außerdem ist bekannt, dass sadistische Wachtposten es vor allem auf großgewachsene Menschen abgesehen hatten, und ich war doch damals an die zwei Meter lang. Die Tür, die zufällig nicht abgeschlossen war, rettete mir buchstäblich das Leben.

Ich habe mich selbst immer wieder einmal gefragt, wie hoch die Chancen an jenem 6. Dezember 1944 denn gegen uns standen. Wir waren in den Dünen durch ein feinmaschiges Netz geschlüpft, ohne uns dessen bewusst gewesen zu sein.

Wir hatten uns dem Haus von der einzigen Ecke her genähert, wo wir von den deutschen Soldaten auf den anderen drei Seiten des Hauses nicht gesehen werden konnten.

Wir fanden eine geöffnete Hintertüre vor, die Gerrit einfach mal eben ausprobierte, obwohl sie sonst nachts immer verschlossen war, die jedoch eine liebestrunkene (und auch tatsächlich leicht angetrunkene) Haushälterin vergessen hatte abzuschließen. Multipliziert man diese Chancen gegen uns, so erhält man eine Zahl, die so hoch ist, dass keine Lebensversicherung der Welt uns als Klienten genommen hätte.

Fünfzig Jahre später, am 5. Dezember 1994, um 2 Uhr nachmittags, klingelte das Telefon. Ich hörte eine Stimme am anderen Ende sagen: „Kommen Sie da mal raus!"

„Wer ist dran?", fragte ich überrascht.

„Das hat mein Onkel genau vor fünfzig Jahren zu uns gesagt, und ich dachte, dass ein Deutscher mit einer Pistole neben ihm stand", lachte Gerrit. Er rief von Kanada aus an.

Eigentlich ist es undankbar, diese ganzen geballten Zufälle, die uns an jenem Tag gerettet hatten, einfach nur als *Zufälle* zu bezeichnen.

Der Hungerwinter wurde schlechter und schlechter. Auf dem Kanonenofen stand Zuckerrübenpulpe zum Auskochen, damit wir Sirup hatten. Die danach gemahlene Pulpe wurde mit getrockneten, geschälten und in Kaffeemühlen gemahlenen Tulpenzwiebeln vermischt. Diese Mischung wurde wieder gebacken und mit Sirup bestrichen. Diese „TPKs" – „Tulpen-Pulpe-Kuchen" – waren unsere Lagerkost. Man bekam davon Durchfall, doch es sättigte gut.

Wir brauchten jedoch Brennmaterial zur Zubereitung, und da es weder Gas noch Strom oder Kohlen gab, zog ich jeden Morgen mit einem Jutesack und einer Axt los, holte einen Freund der Familie ab, J. Schreuder, den späteren Rektor des Montessori-Gymnasiums in Amsterdam, und dann gingen wir in ein Waldstück, für das er eine „Holzsammel-Genehmigung" besaß, so dass wir *Totholz* mitnehmen durften.

Das war natürlich nicht ausreichend, um zwei hungrige Familien zu ernähren. Folglich betrachtete Schreuder dann Mal um Mal einen stattlichen Baum und sprach dann feierlich: „Dieser Baum muss dringend eingesammelt werden." Als wir dann unsere beiden Jutesäcke gefüllt hatten, eben für einen Tag, sagte er noch: „Gestohlenes Gut gedeiht so gut."

Um diesen Wald zu erreichen, musste ich die Zandvoort-Allee überqueren, die große Verbindungsstraße zwischen Haarlem und dem für uns verbotenen Zandvoort, wo die deutschen Truppen die Küste bewachten.

Eines Tages, im Februar 1945, der eiskalte Wind wehte mir ins Haar, kehrte ich von meinem täglichen Streifzug zurück, auf meiner linken Schulter den Jutesack voller Holz, in meiner rechten Hand mein Beil. Ich erreichte die verlassene Zandvoort-Allee (nur die Besetzer hatten noch Autos) und begann, sie zu überqueren. Doch kaum hatte ich den ersten Fuß darauf gesetzt, da kam von links ein deutscher Soldat auf einem gestohlenen Fahrrad angefahren. Da zu jener Zeit alle frei herumlaufenden jungen Männer sofort festgenommen wurden, sah die Situation sehr gefährlich aus.

Als er ungefähr drei Meter von mir entfernt war, sah ich etwas Unglaubliches: Der Mann war unbewaffnet. Gleichzeitig wurde ihm und mir bewusst, dass er seine Pistole vergessen hatte. Er blickte mich an, ich blickte ihn an, und ich war mir absolut sicher, dass ich ihn, wenn er versuchen sollte, mich festzunehmen, töten würde. Ich schwenkte ein wenig mit meinem Beil, und all der Hass, der sich während jener viereinhalbjährigen Besatzungszeit angesammelt hatte, konzentrierte sich auf diesen Soldaten. Er blickte in meinen Augen seinem Tod entgegen, während ich ruhig stehen blieb. Er war noch ein blutjunger Mann, vielleicht achtzehn Jahre alt, mit einem unschuldigen Jungengesicht. Er wich scharf nach links aus, radelte in einem Bogen um mich herum und flüchtete wie ein gejagter Hase.

Ich dachte weiter nicht mehr über diesen Vorfall nach, doch als ich selber volljährig wurde, stellte ich zu meinem Entsetzen fest, dass in mir ein versteckter Mörder saß, den ich an jenem Tag beinahe herausgelassen hätte.

Die Tatsache, dass der Soldat zufällig seine Waffe vergessen hatte, hat mein Leben gerettet, und wahrscheinlich auch das vieler anderer, denn die Repressalien für das Töten eines deutschen Soldaten waren schrecklich – etwas, woran ich in jenem Moment nicht gedacht hatte.

Was war wohl aus dem Jungen geworden? Hatte er den Krieg überlebt? Ist er Vater und Großvater geworden? Rückblickend auf dieses Ereignis, ohne die unversöhnlichen Hassgefühle von damals, sehe ich einen ganz freundlichen Jungen, kaum der Kindheit entwachsen, und nicht den mitleidlosen Feind von damals.

Es war eine der heikelsten Situationen, in welchen ich mich jemals befunden habe.

Als Bunyan sah, dass ein Mörder aufs Schafott gebracht wurde, sagte er zu sich selbst: „Da könnte Bunyan laufen, wenn Gott nicht gnädig gewesen wäre."

Der Zufall mit der vergessenen Waffe hat nicht nur dem deutschen Soldaten das Leben gerettet, sondern auch mich davor bewahrt, einen Mord zu begehen.

Ich habe diesem Kapitel die Überschrift „Mit einem lachenden und einem weinenden Auge" gegeben, doch was den Schluss dieses Kapitels betrifft, so wäre eigentlich „ein Tränenmeer" besser gewesen.

Im Januar 1999 rief mich meine Tochter Elisabeth an. Sie hatte leichte Magenschmerzen, doch das war nicht verwunderlich, denn auf der Abteilung, auf der sie als Krankenschwester arbeitete, waren tiefgreifende Neuorganisationen im Gange. Stress also, den der Hausarzt mit einem Säurehemmer bekämpfte.

Noch im März fragte sie ihren Chef, einen Gastro-Enterologen, um Rat. Dieser machte eine Magenspiegelung und stellte eine Virusinfektion fest. „Ich habe eine solche Infektion bereits einige Male erlebt, das kann schon mal ein Jahr dauern", sagte er.

Als wir im Mai ein Familientreffen in Friesland hatten, sah ich, dass sie ganz schlecht aß und stark abgemagert war. Sie ging nochmals zu ihrem Spezialisten, der wieder die besagte Virusinfektion vorfand und ihr und ihrem Mann versicherte, dass nichts weiter dahintersteckte. Ich war stark beunruhigt, doch es war untersucht worden, ob ein Tumor die Ursache war, und das war entschieden verneint worden. Nach vielem Drängen meinerseits ging sie Mitte August, nach ihrem Urlaub, wieder zu dem Spezialisten, der sie auf ihre Bitte hin nochmals untersuchte. Die Ergebnisse sollten am 31. August, um 13 Uhr, mit ihr besprochen werden.

An jenem Tag konnte ich keine Ruhe finden. Was war nur mit ihr los? Was war das für ein seltsames Virus, von dem der Spezialist nun schon seit einem Jahr sagte, es ginge spontan vorüber? Ich hatte noch nie davon gehört.

Weil ich nicht stillsitzen konnte, ging ich um 11 Uhr gemeinsam mit meiner Frau in die Stadt, um Lebensmittel einzukaufen. Als wir zurückradelten und ganz in der Nähe unseres Hauses waren, sagte meine Frau plötzlich: „Ich habe das Obst vergessen, warte mal schnell." Einige Häuser weiter zurück war ein kleiner Gemüseladen, und während sie zurückradelte, blieb ich im Sattel, stellte meine Beine zu beiden Seiten des Fahrrads auf den Boden und wartete. Ich war in Gedanken weit weg, bei den Ergebnissen, auf die wir warteten, und schaute zerstreut in das Schaufenster, vor dem ich stand.

Die obere Hälfte des Schaufensters spiegelte die Häuser der gegenüberliegenden Seite wider. Dort konnte ich von der Stelle aus, wo ich stand, nicht durchschauen. Sie spiegelten im Sonnenlicht. Die untere Seite war aber durchsichtig. Offensichtlich waren sie in diesem Laden bei der Arbeit, denn hinten im Laden stand eine Werkbank, und davor sah ich die andere Seite meines Körpers, die sich widerspiegelte. Der obere Teil war durch die reflektierten Häuser unsichtbar. Ich sah folglich ab der Mitte meine hellgrüne Jacke und darunter mein rechtes Bein mit meiner beigefarbenen Hose. Ich betrachtete das Ganze etwas vage, aus der Ferne meiner unruhigen Gedanken, als mir plötzlich etwas Merkwürdiges auffiel. Etwas stimmte mit dem Bein nicht. Der Fuß saß falsch herum dran. Obwohl mein linkes Bein an der Straßenseite stand, dazwischen mein Fahrrad und dahinter versteckt mein rechtes Bein, hatte ich ungetrübte Aussicht auf mein linkes Bein. Mein rechtes Bein war deutlich ein linkes Bein, und das lag nicht an der Tatsache, dass es ein Spiegelbild war.

Ich wurde hellwach und starrte auf dieses merkwürdige Phänomen. Ich stand stocksteif da und verstand gar nichts, doch plötzlich begann sich das Bein zu bewegen. Es gehörte zu einem Mann, der genauso gekleidet war wie ich, von dem ich jedoch nur den Teil unterhalb der Mitte sehen konnte. Er hatte offenbar weit oben etwas zu tun gehabt, denn nun kamen auch seine Unterarme und Hände zum Vorschein, als er sie sinken ließ.

Als ich das sah, wurde ich von einem ungeheuren Kummer erfasst, denn ich hatte begriffen, dass der Spezialist uns all diese Monate lang auf dem falschen Bein hatte stehen lassen. Als unser dritter Sohn dann um halb drei Uhr kam, um uns zu erzählen, dass Elisabeth höchstens noch drei Monate zu leben hatte, war dies eine Bestätigung dessen, was ich bereits wusste. Sie starb innerhalb von drei Monaten.

Der Tod eines Kindes ist schrecklich. Natürlich war sie kein Kind mehr. Sie war vierzig Jahre alt und hatte selbst drei kleine Kinder, doch es ist, als ob man am lebendigen Leibe ein Stück von sich selbst verliert. Der Schmerz vergeht nie mehr.

Vielleicht ein Jahr nach ihrem Tod fiel mir blitzartig etwas ein. Elisabeth war eine sehr gläubige Frau gewesen, und sie starb bewusst, voller Hingabe. Wenn ein geliebter Mensch geht, dann denkt man manchmal: „Wo ist sie wohl? Hat sie es gut?“ Wie schlimm, dass man nicht einmal ein Lebenszeichen erhält. Und da, von einem Moment auf den anderen, stand das Bild dieses

Schaufensters wieder vor mir, und es fiel mir auf, dass ich wie ein echter Erdbewohner nur auf die Unterseite des Bildes geachtet hatte. Doch was bedeutete die Oberseite? Diese ganze Reihe sonnenbeschienener Häuser an der Oberseite, die dort widergespiegelt wurden. Dann hörte ich deutlich einen Bibeltext in meinem Kopf.

Kurz bevor Jesus ermordet wurde, sagte er zu seinen betrübten Jüngern: „In meines Vaters Hause sind viele Wohnungen. Wenn‘s nicht so wäre, so wollte ich zu euch sagen: Ich gehe hin, euch die Stätte zu bereiten.“ (Johannes 14, 2).

Was ich gesehen hatte, waren die vielen Wohnungen an der Oberseite. Genau zu der Tageszeit, als die Spiegelbilder so fielen, war mir nicht nur gezeigt worden, was falsch war (auf das falsche Bein gestellt), sondern auch, was ganz gut war, dass Elisabeth nämlich nach Hause gekommen war. Der Schmerz ist nicht geringer geworden, doch es ging ein großer Trost von diesem Spiegelbild aus.

Daran sehen wir einen Aspekt des Zufalls, der mir bisher entgangen war. Kleine Zufälle sind wie ein Lächeln aus dem Himmel, Bestätigungen der Tatsache, dass wir in ein atemberaubendes Muster verwoben sind. Doch große Zufälle müssen, ebenso wie bedeutungsvolle Träume, exakt übersetzt werden.

Es kann lange dauern, bevor man es begreift, doch sie können eine eindringliche Botschaft beinhalten. Dann sind sie ein echtes Geschenk.

Wir haben das Phänomen Zufall nun aus verschiedenen Blickwinkeln beleuchtet und müssen uns jetzt fragen: Was ist Zufall?

13

Gibt es des Rätsels Lösung?

Wir wollen nun einmal zusammenfassen, was wir bisher herausgefunden haben.

Zufälle treten immer überraschend ein. Sie enthüllen rätselhafte Verbindungen zwischen scheinbar nicht miteinander verbundenen Ereignissen, Menschen und Naturerscheinungen. Wir hätten uns das gar nicht selbst ausdenken können.

Zufälle unterscheiden nicht zwischen lebenden und nicht-lebenden Dingen und verbinden beispielsweise Menschen ebenso leicht miteinander wie auch mit Gegenständen und Naturgewalten, z. B. Stürmen und Unwettern.

- Zufälle sprechen oft in Symbolen, die übersetzt werden müssen.
- Zufälle treten oft geballt auf. Manchmal gleichen sie Weintrauben.
- Zufälle lieben Spaß. Sie sind tierfreundlich.
- Zufälle fühlen sich mit Namen und Zahlen heimisch.
- Zufälle treten unaufhaltsam auf, wenn Menschen kreativ werden.
- Zufälle schwelgen in Romantik.
- Zufälle können durchaus einen prophetischen Aspekt aufweisen.

- Zufälle sind hilfreich. Sie lieben es, bei alltäglichen Ereignissen mitzumischen.
- Zufälle können auch in schwierigen Situationen helfen und sogar Leben retten.
- Zufälle sind in der Regel wohlwollend, obwohl das Phänomen an sich nicht gebändigt werden kann. Wenn man ihm geringschätzig begegnet, kann er sogar alarmierende Formen annehmen.
- Zufälle versuchen, einer „Einverleibung" – etwa durch Astrologie, Tarot, I Ging – zu entgehen und stellen ihre Aktivität ein, wenn man sie zur Gehorsamkeit zwingen will.

Dies ist eine verwirrend große, abwechslungsreiche Liste. Es ist, als wären wir an den Beginn des Buches zurückgekehrt und hätten die Existenz eines Mysteriums festgestellt.

Haben wir das Leben selbst entdeckt?

Doch die Antwort auf das Rätsel ist schon längst gegeben worden.

Im Alten Testament musste der Hohepriester Israels am großen Versöhnungstag das Allerheiligste im Tempel betreten und dort vor dem Herrn erscheinen.

Weinreb erzählte, dass der Hohepriester in der Nacht, bevor er diese Aufgabe verrichten musste, einer intensiven Untersuchung durch seine Priesterkollegen unterzogen wurde – einer ganz scheußlichen Prozedur, bei der es zuging wie bei schweren Ermittlungen durch die Polizei infolge eines Verdachtes. Sie verhöhnten ihn, bohrten ihm ihre Finger ins Gesicht und versuchten, ihn zu einem Bekenntnis zu zwingen.

Ein Bekenntnis – was musste er denn bekennen?

Sie versuchten, ihn so weit zu bekommen, dass er zugab, dass er in manchen Momenten des abgelaufenen Jahres geglaubt hatte, dass etwas in seinem Leben zufällig geschehen sei.

Schließlich, nach einer ganzen Nacht, brach der arme Mann völlig zusammen und schwor seinen Quälgeistern unter Tränen, dass er wirklich nicht, auch nicht ganz kurz, geglaubt hatte, dass etwas zufällig geschehen sei. Während des ganzen Jahres, in dem er Hohepriester gewesen war, war dieser Gedanke nicht in seinem Kopf aufgetaucht.

Nur dann waren seine Befrager zufrieden und ließen ihn in Ruhe. Ihre Handlungsweise war nicht durch an Sadismus grenzenden Eifer motiviert, sondern durch eine tiefe Beunruhigung über das Schicksal ihres geistigen Anführers. Wenn er nämlich in der Ehrfurcht einflößenden Gegenwart Gottes mit einer Vergangenheit stand, in der, wie er glaubte – und sei es auch nur für einen winzigen Augenblick – etwas in seinem Leben einfach aus Unglück geschehen war, so wussten sie, dass sein Charakter einen Fehler hatte. Das bedeutete im Allerheiligsten akute Lebensgefahr. Selbst wenn er für rein befunden worden war, banden die Priester, bevor der Hohepriester das Heiligtum betrat, eine goldene Kette an seine Knöchel, für den Fall, dass seine Verfassung die Kraft, mit der er in Berührung kam, nicht ertragen könnte und auf der Stelle sterben würde. Niemand anderes durfte hineingehen, und so konnte man seinen Körper dann eventuell an der goldenen Kette nach draußen ziehen. Manche jüdische Familien in unserem Land tragen noch den Namen *Gouweket*, ein Hinweis darauf, dass sie aus einem hohepriesterlichen Geschlecht stammten.

Warum war es so eine schreckliche Unzulänglichkeit, an den Zufall zu glauben?

Ein Fehler, der so schwerwiegend war, dass er einen Schwachpunkt im Körper auslöste, der das Leben des Betreffenden bedrohte, wenn er in der aufgeladenen Atmosphäre des Allerheiligsten vor dem lebendigen Gott stand?

Weil es – das wussten die Priester damals noch – als Betrug galt, den Zufall als pure Chance zu betrachten. Sie wussten, dass

Zufall eine Art und Weise Gottes war, persönlich mit den Menschen zu sprechen.

Von Zeit zu Zeit stellt man mir in der Sprechstunde die Frage: „Wie können manche Menschen nur behaupten, dass Gott ihnen etwas gesagt hat? Ich höre nie etwas."

In der Tat gibt es Menschen, die ab und zu deutlich Gottes Stimme hören und dann danach handeln – und das ist ratsam für sie – aber soweit ich es beurteilen kann, gehören sie zu einer kleinen Minderheit. Die meisten Menschen hören in der Tat nichts. Es gibt auch Menschen, die sagen, dass sie etwas hören, jedoch in Illusionen gefangen sind, die aus ihren eigenen Begierden stammen. Es gibt viele Stimmen in uns.

Als Elia, der große Prophet, vor seinen Belagerern auf der Flucht war und loszog, um seinem Herrn auf dem Berg Horeb zu begegnen, kam zuerst ein gewaltiger Windstoß, dann ein Erdbeben und dann ein Feuer (Vulkanausbrüche), doch bei all diesen Gewalten begegnete er Gott nicht. Dieser kam in ihn hinein – und ich zitiere es wörtlich: „Eine sanfte, stille Stimme", (1. Könige 19, 12). Leider in der neuen Fassung als „sanftes Sausen" übersetzt. Nur wenn alles um uns herum und vor allem in uns schweigt, kann die Begegnung stattfinden. Vielleicht ist dies heutzutage noch seltener der Fall als in früheren Jahrhunderten, weil in unserer Kultur fortwährend Lärm produziert wird.

Zu denjenigen, welche die sanfte, stille Stimme nicht hören können und dennoch danach verlangen, spricht die Stimme des Zufalls oft laut und deutlich. Betrachtet man den Zufall ganz intensiv, so wird man sich der Tatsache bewusst, dass das Leben, das auf den ersten Blick ziemlich chaotisch wirkt, letztendlich gar keine so willkürliche Sache ist. Mitten im Chaos und im scheinbaren Schweigen Gottes erhaschen wir plötzlich für einen Moment einen Blick auf eine atemberaubend schöne Struktur. Manchmal vage, manchmal verträumt, manchmal so intensiv, dass man das Gefühl bekommt: Für mich ist gesorgt!

Auf den Zufall kann man sich verlassen.

In meinem Berufsstand liefert mir beispielsweise der eine Patient ein kleines Stück wertvolles Informationsmaterial, und buchstäblich der nächste Patient hat ein Leiden, für das ich die soeben erhaltene Information verwenden kann.

Eine zufällige Begegnung setzt eine ganze Kette von Ereignissen in Gang. Das macht jeden Augenblick wertvoll, denn in jedem Augenblick, und mit Sicherheit in unerwarteten Momenten, kommt ein neues Abenteuer ins Spiel. Manchmal denkt man über ein Problem nach, man nimmt etwas zerstreut ein Buch aus dem Regal, schlägt es auf und sieht die Lösung des Problems vor sich.

Ich habe die Erfahrung gemacht, dass wir, wenn wir die Frage genau formulieren, was ich in meinem Morgengebet immer wieder tue, einfach darauf warten können, dass uns ein Zufall, ein Zusammenspiel von Umständen, die richtige Antwort zuspielt.

Ich habe von meiner alten Freundin, der Evangelistin Corrie ten Boom, eine wichtige Lektion gelernt. Sie sagt: „Wenn du dringend 95 Gulden und 75 Cent brauchst – oh, die guten alten niederländischen Münzen! – dann bitte nicht um 96 oder 100 Gulden. Sei präzise!“

Unter dem Einfluss der abstrakten Gedanken zum Thema *Gottheit*, die unsere Kultur heute überfluten, haben wir vergessen, dass unsere eigene Kultur auf dem Fundament der Bibel aufgebaut ist. In diesem Buch wird Gott nicht als Alleinherrscher beschrieben, der hoch über uns sitzt, auch nicht als eine abstrakte Kraft, sondern als liebevoller Vater. Wenn diese Beschreibung korrekt ist, dann ist es erlaubt, dass wir ihn um 95,75 Gulden bitten. Ich gehe also, wie Sie feststellen, mit der Inflation mit – genau so, wie unsere Kinder es tun würden, wenn sie exakt diesen Betrag brauchen würden.

Ich habe bereits erwähnt, dass der Versuch, Zufälle auf eine andere Weise zu erzwingen, als sie hier im Buch beschrieben sind, heute nicht mehr relevant ist.

Es ist ein wenig so, als würden wir unsere Digitaluhren wegwerfen und zu den Sonnenuhren zurückkehren.

Ich leugne den historischen Wert der anderen Methoden nicht, doch ich rate den Menschen auch nicht, sie anzuwenden. Ein Gebet aus dem Herzen ist besser.

Magie kann lustig sein, doch besser ist es, Sie halten nach einem wirklich guten Zauberkünstler Ausschau. Dann bekommen Sie auch etwas für Ihr Geld. Warum sollte man einen Umweg einschlagen, wenn es auch den direkten Weg gibt?

Wollen wir nun, mit all diesen Aspekten im Hinterkopf, versuchen, die Frage zu beantworten: Was ist Zufall? Jetzt wird deutlich, dass diese Frage nicht beantwortet werden kann, weil die Frage an sich falsch ist. Was ich meine, ist Folgendes: Stellen Sie sich vor, jemand würde fragen: „Warum haben Elefanten an ihren Flügeln keine Federn?“ Die Frage kann nicht beantwortet werden, weil Elefanten überhaupt keine Flügel haben. Sie ist folglich unsinnig. Das gilt auch für die Frage:

WAS IST ZUFALL?

Diese Frage kann ebenso wenig beantwortet werden wie die Frage zu den fehlenden Federn an den Flügeln. Die Frage muss lauten:

WER IST ZUFALL?

Dann erkennt man die Antwort direkt.
Zufall ist eine der subtilen und bescheidenen Arten und Weisen, wie Gott zu seinen Kindern spricht. Er möchte unsere Liebe und nicht unsere ängstliche Unterwürfigkeit, und wir erhalten kleine, bescheidene Hinweise auf seine Gegenwart. Zufälle mit Engeln sind ganz eng damit verwandt.

(Wenn ich *er* und *seine* sage, dann geht es mir dabei nicht um männlich oder weiblich. Ich verwende einfach den Sprachgebrauch, der in den letzten dreitausend Jahre verwendet wurde und bei dem ich mich wohlfühle).

Die Antwort ist meines Erachtens leicht:

Meiner Meinung nach ist Zufall eine der Ausdrucksweisen von Gottes Stimme.

Sogleich schließt sich die Frage an: Wie steht es mit unglücklichen Zufällen? Ist das auch Gottes Stimme? Ich habe schon weiter oben gesagt, dass der Zufall meistens wohlwollend ist.

Doch manchmal steht jemand an der falschen Stelle. Ein kleines Stück unwegsamen Weges, und sie können vom Fahrrad stürzen. Man erfährt etwas, das wir „ein Unglück, das dumm gelaufen ist" nennen, oder, noch schlimmer, man meint es gut und sagt in Gesellschaft genau das falsche Wort.

Wenn die normalen, wohlwollenden Zufälle Hinweise sind, die der himmlische Vater den Menschen gibt, die seine Stimme noch nicht direkt hören können, dann müssen die negativen Zufälle, die sich ab und zu ereignen, noch keine falsche Auswirkung auf diejenigen zu haben, die ihren Schöpfer ein wenig besser kennenlernen. Paulus sagt in seinem Brief an die Römer, dass den Menschen, die Gott lieben, alle Dinge zum Besten dienen (Römer 8, 28).

Ein Unglück kann einen Menschen genau im richtigen Moment bremsen, damit er für kurze Zeit einmal dem erschöpfenden, hektischen Leben entkommt. Anhand von psychologischen Untersuchungen hat man entdeckt, dass ein Unglück oft im richtigen Moment eintritt.

Ein falsches Wort, das denjenigen, der es gesagt hat, in Verlegenheit bringt, kann die Macht des gesprochenen – oder geschriebenen – Wortes deutlich machen.

Doch ich habe in diesem Buch nicht über die negative, düstere Seite des Zufalls geschrieben, die es auch ab und zu gibt. Dies ist im Grunde ein Buch über Freude – über die gewaltige Freude, die bei unserem Dasein immer wieder mit ins Spiel kommt.

Als Fan von Detektivgeschichten habe ich natürlich schon von Anfang an gewusst, wer der Täter ist. Es gibt eine ganz alte Information, die lautet, dass wir im Laufe unseres Lebens von der Frage „Was ist das?", die alle kleinen Kinder bis zum Abwinken stellen, wenn sie anfangen nachzudenken, zu der Frage übergehen müssen: „Wer ist das?" Unser Lebensweg verläuft vom „Was?" zum „Wer?". Ein Weg der Begegnung. Von der Welt hin zu einer Begegnung mit demjenigen, der diese Welt erschaffen hat.

Zufälle sind Wegweiser auf diesem Weg.

Terrie ten Boom arbeitete bei ihren Auftritten gern mit *visuellen Hilfen*, wie sie es nannte, mit sichtbaren Hilfsmitteln also. Dazu gehörte auch ein blaues Tuch, das sie aufspannte, und das mit einem Wirrwarr farbiger Fädchen übersät war.

„Wenn wir unser Leben betrachten, können wir manchmal keinen Faden daran anknüpfen", sagte sie dann. „Verzweifelt nicht. Das kommt daher, weil wir hier nur die Rückseite des Gobelins sehen. Es wird daran gearbeitet, schaut!"

Dann drehte sie das Tuch um, und man sah nun eine große bunte Krone.

Nun bleibt mir nur, Ihnen zu wünschen, dass Sie ebenfalls zu einem prachtvollen Gobelin gewebt werden, und dass Sie ab und zu ein glitzerndes Fädchen oder auch ein harmloses, wie zufälliges *Verkehrsschild* in Ihrem Leben entdecken mögen, damit Ihnen wieder durch den Kopf schießt: „Natürlich, wie hatte ich das vergessen können! Ich werde geführt, sogar im Chaos des Lebens im 21. Jahrhundert!" Der Gott, der unserer intellektuellen Elite den Laufpass gegeben hat, ohne diese zu ersetzen – dieser Gott segne Sie!

Literaturverzeichnis

Barnes, B.O. „Hypothyroidism, One Unsuspected Illness“, Crowell, New York 1976.

Baschwitz, K., „Heksen en heksenprocessen“, Arbeiderspers, Amsterdam 1964.

Begich, N. Manning, J., „Angels Don‘t Play This HAARP“, Earthpulse Press, Ankara (AK) 1995.

Behe, M.J., „Darwin‘s Black Box“, Free Press, New York 2006.

Bibeln: „The Companion Bible, 198 Appendices by Bullinger“. „Concordant Version, The Sacred Scriptures“, Concordant Publishing Concern. 2823 East Sixth Street, Los Angeles (CA).

Boom, C. Ten, „De schuilplaats“, Gideon, Hoornaar 1988.

Bullinger, E.W., „The Witness of the Stars“, Kregel Publications, Grand Rapids 1967.

„Number in Scripture: Its Supernatural Design and Spiritual Significance“, Kregel Publications, Grand Rapids 1967.

Chaitow, Leon, „Vaccinatie en immunisatie“, Ankh-Hermes, Deventer 1993.

Carroll, Lewis, „The Complete Illustrated Works“, Chancellor Press, London 1982.

Colborn, Th.. Dumanoski, D., Myers, J.P., „Our Stolen Future“, Penguin Group, New York 1997.

Dante Alighieri, „De goddelijke komedie“, Ambo, Amsterdam 1006.

Denton, Michael, „Evolution: A Theory in Crisis“, Adler & Adler, Bethesda (MD) 1986.

Duzéa, Jean/Janduz, „Les 360 degrées du Zodiaque: symbolisés par l‘image et par la Cabbale“, Bussière, Paris 1986.

„Fluoride, Quaterly Journal of the International Society for Fluoride Research“ (siehe: www.fluorideresearch.org), Auckland, Neuseeland, Band 29, Nr. 4, Nov. 1996, S. 190-192: L.B. Zhao u.a., „Effect of a High Fluoride Water Supply on Children‘s Intelligence“.

Band 30, Nr. 2, Mai 1997, S. 131-132: A. Schatz, „Critique of a Study“.

Band 30, Nr. 2, Mai 1997, S. 134-135: H.C. Moolenburgh, „Paradoxical Effects“.

Gleick, James, „Chaos: Making a New Science“, Viking, New York 1987.

Goldhagen, D.H., „Hilters gewillige beulen“, De Bezige Bij, Amsterdam 1996.

Graff, B. de, „Spion in de tuin“, Sdu, Den Haag 1992.

Grant, Dr. E., „De bittere pil“, Kosmos, Utrecht 1986.

„Sexual Chemistry“, Cedar, London 1994.

Halevi, Z‘ev ben Shimon, „Tree of Life: an Introduction to the Cabala“, Rider & Co, London 1972.

Hildebrand, „Camera Obscura", De Erven F. Bohn, Haarlem 1940.
Jones, J.E., Gladstone, J.F., „The Red King's Dream: or Lewis Caroll in Wonderland", Jonathan Cape, London 1995.
Kolisko, L., „Physiologischer und physikalischer Nachweis der Wirksamkeit kleinster Entitäten", 1923-1959, Arbeitsgemeinschaft Anthroposophischer Ärzte, Stuttgart 1960.
Koppejan, Helene & Wim, „Beeldgids van de Dierenriem", I, II, III, Ankh-Hermes, Deventer 1989-1991.
Kübler-Ross, Elisabeth, „Over de dood en het leven daarna", Ambo, Baarn 1985.
Kushner, H.S., „When Bad Things Happen to Good People", Schocken Books, New York 1981.
Lazlo, E., „Het chaospunt", Ankh-Hermes, Deventer 2006.
Lewis, C.S., „That Hideous Strength", Pan Books, London 1955.
„The Four Loves", Fount Paperbacks, London 1977.
Milne, A.A., „Winnie-the-Pooh", Bernhard Tauchnitz, Leipzig 1939.
Moolenburgh, H.C., „Fluoride. The Freedom Fight", Mainstream Publishing, Edinburgh 1987.
„Een engel op je pad", Ankh-Hermes, Deventer 2004.
„Engelen als beschermers en als helpers der mensheid", Ankh-Hermes, Deventer 2003.
„De wetenschap kent geen tranen", Ankh-Hermes, Deventer 1980.
„Beschavingsziekten en gezondheid", Ankh-Hermes, Deventer 1987.
„Op je gezondheid! Hoe goest, ziel en lichaam gezond te houden in een bedreigde wereld", Ankh-Hermes, Deventer 2005.
Morell, Franz, BEV-Fibel, SIBEV Verlag, Wenden 1983.
Morris, H.M., „The Genesis Flood", Presbyterian and Reformed Publications Co., Philadelphia 1961.
Morris, Henry, „The Long War Against God", Baker Book House, Grand Rapids (MI) 1989.
„The Genesis Record", Baker Book House, Grand Rapids (MI) 1976.
„Men of Science, Men of God", Creation Life Publishers, San Diego (CA) 1982.
Naeff, T., „Schoolidyllen", Becht, Haarlem 1992.
Natuurwetpartij, „Genetische Manipulatie", Informationsschrift über die genetische Manipulation von Soja und Mais.
Nexus, Band 4, Nr. 4, Juni/Juli 1997: J.T. Gatto: „Why Schools Don't Educate".
Nicoll, M., „Psychological Commentaries on the Teachings of G.I. Gurdjieff and P.D. Ouspensky", Vincent Stuart, London 1952-1956.
Ouspensky, P.D., „Een nieuw model van het heelal", Mirananda, Wassenaar 1978.
Perkins, Ch.E., „The Truth About Water Fluoridation", The Fluoridation Educational Society, Washinton D.C. 1952.
Playfair, G.L., „If This Be Magic", J. Cape, London 1985.

Raum & Zeit, Nr. 80, 81, 82, 83, 84, 85, Ehlers Verlag, Wolfratshausen.
Rudhyar, Dane, „Astrologie, aanleg en karakter", De Driehoek, Amsterdam 1950.
Scholz, W. von, „De rol van toeval en noodlot in ons leven", Elsevier, Amsterdam 1960.
Schwenk, Theodor, „Das sensible Chaos", Freies Geistesleben, Stuttgart 1963.
Scott Peck, M., „People of the Lie: The Hope for Healing Human Evil", Simon & Schuster, New York 1983.
Shalev, Meir, „De Bijbel nu", Rotschild & Bach, Amsterdam 2006.
Sheldrake, Rupert, „A New Science of Life: The Hypothesis of Formative Causation", Blond & Briggs, London 1981.
mit Matthew Fox, „Wetenschap en spiritualiteit: in gesprek over een nieuwe visie", Kosmos-Z&K, Utrecht 1997.
Simonton, C. und S., „Op weg naar herstel", Intro, Baarn 1997.
Slate, B. Ann & Alan Berry, „Big Foot", Bantam Books, Toronto/London 1976.
Smits, Tinus, „Het post-vaccinaal syndroom", Smits-Vanhove, Waalre 1996.
Smits, Tinus, „Homeopathie, de kracht van subtiele geneeskunst", Altamira-Becht, Haarlem 2007.
Sodera, Vija, „One Small Speck to Man: The Evolution Myth", Vija Sodera Productions, White Lodge, 37, Gossamer Lane, Bognor Regis, West Sussex, PO 21 3 BX (VK).
Sträuli, Robert, „Origenes der Diamantene", ABZ Verlag, Zürich 1987.
Swedenborg, E., „Hemelse verborgenheden", Swedenborg Genootschap, s'-Gravenhage 1960-1964.
„Hemel en hel en over hetgeen er werd gehoord en gezien", Swedenborg Boekhuis, Baarle-Hertog 2001.
Tailleur, Max, „Geloof me", Becht, Amsterdam 1978.
Talbot, Michael, „Het holografisch universum", Kosmos, Utrecht 1992.
Tiemens, Willem, „Facetten van de slag in Arnhem", De Gooise Uitgeverij, Weesp 1984.
Tijn, Maartje van, „Midrasjim I; Over de uittocht uit Egypte: van onderdrukking en verzet", Kok, Kampen 1986.
Verheyen, Ing. J.T., „Genezend Water", im Eigenverlag, Keerbergen 1984.
Waite, A.E., „The Pictorial Key to the Tarot", Dover Publications, Mineola (NY) 2005.
Weinreb, T., Kurse 1964-1970.
„De bijbel als schepping", Servire, Katwijk 1986.
„Ik Die Verborgen Ben", Servire, Den Haag 1967.
„Das Buch Jona", Origo Verlag, Bern 1980.
„Die langen Schatten des Krieges", Thauros Verlag, Bern 1980.

Wilhelm, Richard, „I Tjing", Ankh-Hermes, Deventer 2006.
Wurmbrand, Dr. R., „De ondergrondse kerk", De Banier, Utrecht 2004.
Yiamouyiannis, J., „Fluoride: The Aging Factor", Health Action Press, Delaware (OH) 1983.

Nachweise der Abbildungen

Der Herausgeber hat keine Mühen gescheut, die Inhaber der Rechte für die übernommenen Illustrationen ausfindig zu machen und um ihre Zustimmung zu bitten. Dies ist nicht in allen Fällen geglückt. Die Inhaber der Rechte können sich beim Herausgeber melden.

S. 7: Pegasus, Öl auf Leinen, Daan Homan, www.essence-of-art.com.

S. 13: Christiaan Antonius Lindemans (alias King Kong), aus „Spion in de tuin“ von Bob de Graaff, uitgeverij SDU, Den Haag 1992, Institut für niederländische Geschichte.

S. 31: Der 13. Grad Wassermann, aus „Beeldgids van de dierenriem, Schütze – Steinbock – Wassermann – Fische“ von Helene W. und Willem A. Koppejan, © 1990, Ankh-Hermes, Deventer.

S. 32: Der 17. Grad Zwilling, aus „Beeldgids van de dierenriem, Widder – Stier – Zwilling – Krebs“ von Helene W. und Willem A. Koppejan, © 1991, Ankh-Hermes, Deventer.

S. 33: Der 15. Grad Skorpion, aus „Beeldgids van de dierenriem, Löwe – Jungfrau – Waage – Skorpion“ von Helene W. und Willem A. Koppejan, © Ankh-Hermes, Deventer.

S. 83: Schwingung bei Flammen, © P.E. Schiller, Dornach, Schweiz, aus dem Buch „Das sensible Chaos“ von Theodor Schwenk, Verlag Freies Geistesleben GmbH, Stuttgart 1962.

S. 89: Apfelmännchen, Fraktal von Benoit B. Mandelbrot, aus „The Beauty of Fractals“, Springer Verlag, Berlin 1986.

S. 90: Tentakel, Fraktal von Benoit B. Mandelbrot, aus „The Beauty of Fractals“, Springer Verlag, Berlin 1986.

S. 107: Nikolaus und Weihnachtsmann im Gefecht, De Telegraaf.